BERLITZ®

Polonais

GUIDE DE CONVERSATION

ET LEXIQUE POUR LE VOYAGE

W0351088

Utilisation facile

- Repérage thématique par couleurs
- Une page d'expressions indispensables (ci-contre)
- Guide des pourboires (en 3ème page de couverture)
- Choix de questions et de réponses pratiques

L'essentiel en un coup d'œil

- Nous vous conseillons de commencer par le **Guide de prononciation** (pp. 6-8), puis de passer aux **Quelques expressions courantes** (pp. 9-15). Ceci vous donnera non seulement un vocabulaire de base mais vous aidera aussi à vous familiariser avec la prononciation. Tout au long du livre, la transcription phonétique vous permet de prononcer chaque mot correctement.
- Reportez-vous à la **Table des matières** (pp. 3-5) pour trouver la section de votre choix. Dans chaque chapitre, vous trouverez des renseignements touristiques et des conseils pratiques. Les locutions courantes sont suivies d'une liste de mots correspondant à chaque situation.
- Les chapitres **Restaurants** et **Guide des achats** comportent des tables des matières supplémentaires (Menus, p. 39, Magasins et services, p. 97).
- Pour trouver rapidement le mot dont vous avez besoin, reportez-vous au **Lexique** (pp. 162-189). En plus de la traduction, il vous donne la référence des pages où ce mot figure.
- Si vous voulez en savoir plus sur la construction des phrases, reportez-vous au **Résumé de grammaire** (pp. 157-161).
- Le système de **repérage par couleur** avec le titre des chapitres en polonais et en français permet une consultation rapide. En cas de besoin, votre interlocuteur peut se reporter à l'index en polonais à la fin du livre.
- Tout au long de ce manuel, ce symbole ☛ vous signalera des phrases toutes faites que pourrait utiliser votre interlocuteur. Si vous ne le comprenez pas, demandez-lui de vous montrer la phrase en polonais, la traduction française se trouve à côté.

1ère impression 1995 Imprimé en Suisse

Table des matières

Excursions 65

Visites touristiques 80

Distractions 86

Faire connaissance 92

Guide des achats 97

Remerciements
Nous tenons à remercier tout particulièrement Małgorzata Kacmarek, et Mme Christine Arthur pour leur collaboration dans la rédaction de ce livre.

Guide de prononciation

Ce chapitre est destiné à vous familiariser avec notre système de transcription et à vous rendre plus aisée la prononciation du polonais.

Il faut lire la prononciation phonétique comme s'il s'agissait de français, sauf pour certaines règles expliquées ci-dessous. Certes, peu de sons d'une langue coïncident exactement avec ceux d'une autre langue mais, en suivant attentivement nos indications, vous n'épouverez aucune difficulté à lire nos transcriptions et à vous faire comprendre.

Les lettres en caractère **gras** doivent être plus accentuées que les autres (il faut les lire avec plus de force).

Consonnes

Lettre	Prononciation approximative	Symbole	Exemple	
b, d, f, l, m, n, p, s, t, z	ces lettres se prononcent comme en français			
c	comme **ts** dans **ts**ar	ts	**cena**	**tsè**na, ko**ts**
ch, h	comme un **r** parisien, prononcé sans vibration et sans bruit avec une expiration sifflante	KH	**chłop**	KH^{OU}**op**
cz	comme **tch** dans **tch**èque	tch	**czek**	tchèk
dz	comme **zz** dans pizza	dz	**bardzo**	bardzo
dż	comme **dj** dans **Dj**amila	dj	**dżem**	**djèm**
g	comme **g** dans **g**are	g	**gama**	**ga**ma
k	comme **k** dans **k**ilo	k	**kot**	kot

j	comme **y** dans **y**oga	y	**moja**	moya
ł	comme **w** dans **w**eek-end	ou	**koło**	ko^{OU}o
r	toujours roulé, comme un r bourguignon	r	**rok**	rok
sz	comme **ch** dans **ch**at	ch	**szal**	chal
w	comme **v** dans **v**eau	v	**woda**	voda
ż, rz	comme **j** dans **j**our	j	**żona** **rzeka**	jona, jèka

A côté des consonnes dures le polonais distingue les consonnes mouillées. Cinq consonnes mouillées sont rendues dans la graphie par une lettre surmontée d'un accent: **ć, dź, ń, ś, ź.** Elles s'écrivent ainsi devant une consonne ou à la fin du mot: ko**ść**, ba**ń**ka, **ś**lad, gło**ś**no. Devant une voyelle, on note les mêmes consonnes mouillées par : **ci, dzi, ni, si, zi**: pociecha, na**dzi**eja, **niani**a, **si**ano, **zi**arno.

ć, ci	à peu près comme **tsé** dans **tsé-tsé**	ts^{y}	**pić** **ciasto**	pits^{y} **ts^{y}**asto
dź, dzi	à peu près comme **tsi** dans **tsi**gane	dz^{y}	**dźwig** **dział**	dz^{y}vik dz^{y}a^{OU}
ń, ni	comme **gn** dans co**gn**ac	gn	**koń** **nie**	kogn gnè
ś, si	à peu près comme **si** dans **si**amois	s^{y}	**ktoś** **siano**	ktos^{y} **s^{y}**ano
ź, zi	à peu près comme **gi** dans **gi**rafe	z^{y}	**źle** **ziarno**	z^{y}lè **z^{y}ar**no

NOTE

1) La prononciation des consonnes au milieu d'autres sons diffère un peu de leur prononciation isolée. Des consonnes sonores placées devant des consonnes sourdes deviennent sourdes: **babka** (**bap**ka), **gładki** (**g^{OU}at**ki), **walizka** (vali**s**ka), **wtedy** (**f**tèdé), **różdżka** (**rouch**tchka). La consonne finale sonore aussi devient sourde: chleb (KHlèp), **róż** (rouch), **róg** (rouk), **lekarz** (**l**èkach).

Des consonnes sourdes placées devant des consonnes sonores deviennent sonores: **prośba** (proz^{y}ba), **liczba** (**lidj**ba), **także** (tagjè).

Voyelles

En polonais on distingue seulement 8 voyelles, c'est-à-dire la moitié du nombre des voyelles françaises. Les deux langues possèdent les voyelles nasales, mais le français en a quatre et le polonais seulement deux.

a	comme **a** dans **papa**	a	**tak**	tak
e	comme **e** dans **sel**	è	**lek**	lèk
i	comme **i** dans **lit**	i	**piwo**	**pi**vo
o	comme **o** dans **donner**	o	**kot**	kot
ó, u	comme **ou** dans **vous**	ou	**drut**	drout
			drób	droup
y	à peu près comme é fermé dans **été**	é	**ty**	**té**
ą	1) **o** nasale, comme **o** dans **sont**	o^{n}	**wąs**	vo^{n}s
			idą	ido^{n}
	2) devant **ł comme o** dans **donner**	o	**zaczął**	**zatcho**^{OU}
	3) comme **om** dans **bombe**	om	**kąpiel**	**kom**pyèl
			dąb	domp
	4) comme **onn** dans **bonne**	on	**piąty**	**pyon**té
ę	1) **è** nasale, comme **ain** dans **train**	è^{n}	**mięso**	**myè**^{n}so
	2) **è** dénasalisé, comme **è** dans **sel**	è	**wźięli**	vz^{y}èli
			idę	idè
	3) devant **b** et **p** comme **êm** dans **même**	èm	**tępy**	tèmpé
	4) devant **t,d, g** etk comme **èn** dans **mène**	èn	**pęd**	pènt

L'accent

L'accent d'un mot frappe normalement l'avant-dernière syllabe. Dans des mots d'origine étrangère, l'accent est sur l'antépénultième, surtout en **-ika** et **-yka**, par exemple:

gramatyka	gramatéka	**muzyka**	**mou**zéka

Prononciation de l'alphabet polonais

A	**a**	a	**J**	**j**	yot	**S**	**s**	ès
Ą	**ą**	o^{n}	**K**	**k**	ka	**Ś**	**ś**	ès^{y}
B	**b**	bè	**L**	**l**	èl	**T**	**t**	tè
C	**c**	tsè	**Ł**	**ł**	è^{ou}	**U**	**u**	ou
Ć	**ć**	ts^{y}	**M**	**m**	èm	**W**	**w**	vou
D	**d**	dè	**N**	**n**	èn	**X**	**x**	iks
E	**e**	è	**Ń**	**ń**	ègn	**Y**	**y**	é
Ę	**ę**	è^{n}	**O**	**o**	o	**Z**	**z**	zèt
F	**f**	èf	**Ó**	**ó**	ou	**Ź**	**ź**	z^{y}èt
G	**g**	guè	**P**	**p**	pè	**Ż**	**ż**	jèt
H	**h**	KHa	**Q**	**q**	kou			
I	**i**	i	**R**	**r**	èr			

Quelques expressions courantes

Oui.	**Tak.**	tak
Non.	**Nie.**	gnè
S'il vous plaît.	**Proszę.**	**pro**chè
Merci.	**Dziękuję.**	dz^{y}èng**kou**yè
Merci beaucoup.	**Dziękuję bardzo.**	dz^{y}èng**kou**yè **bar**dzo
Il n'y a pas de quoi.	**Proszę bardzo.**	**pro**chè **bar**dzo

Salutations *Pozdrowienia*

Bonjour.	**Dzień dobry.**	dz^{y}ègn **do**bry
Bonsoir.	**Dobry wieczór.**	**do**bré **viè**tschour
Bonne nuit.	**Dobranoc.**	do**bra**nots
Au revoir.	**Do widzenia.**	do vi**dzè**gna
A plus tard.	**Do zobaczenia/Na razie.**	do zoba**tchè**gna/na **ra**z^{y}è
Salut!	**Cześć!**	tchès^{y}ts^{y}
Voici Monsieur (Madame/ Mademoiselle)...	**To jest pan (pani)...**	to yèst pan (**pa**gni)
Enchanté(e).	**Miło mi pana [panią] poznać.**	**mi**^{OU}o mi **pa**na [**pa**gno^{n}] **po**znats^{y}
Comment allez-vous?	**Jak się pan[i]* miewa?**	yak s^{y}è pan [**pa**gni] **myè**va
Très bien, merci. Et vous?	**Bardzo dobrze, dziękuję. A pan [pani]?**	**bar**dzo **do**bjè dz^{y}èng**kou**yè. a pan [**pa**gni]
Comment ça va?	**Co słychać?**	tso **s**^{OU}**é**KHats^{y}
Très bien.	**Wszystko w porządku.**	**fchést**ko f po**jont**kou
Je vous demande pardon.	**Przepraszam, nie zrozumiałem (zrozumiałam)†.**	pchè**pra**cham gne zrozou**mya**^{OU}em (zrozou**mya**^{OU}am)
Pardon/Désolé(e)!	**Przepraszam!**	pchè**pra**cham

*Lorsque vous vous adressez à un homme en polonais, employez la forme **pan**; lorsque vous vous adressez à une femme, employez **pani**. Voir GRAMMAIRE page 160.

†Forme féminine (entre crochets). Les formes polonaises varient selon que le sujet de la phrase est masculin ou féminin. Dans le cas présent, une femme dirait **Przepraszam, nie zrozumialam**.

Questions *Pytania*

Où?	**Gdzie?**	gdz^{y}è
Comment?	**Jak?/W jaki sposób?**	yak/w **yaki** **spo**soup
Quand?	**Kiedy?**	**kyè**dé
Quoi?	**Co?**	tso
Pourquoi?	**Dlaczego?**	dla**tschè**go
Qui?	**Kto?**	kto
Quel(le)?	**Który?/Która?**	**ktou**ré/**ktou**ra
Où est…?	**Gdzie jest…?**	gdz^{y}è yèst
Où sont…?	**Gdzie są…?**	gdz^{y}è so^{n}
Où puis-je trouver/obtenir…?	**Gdzie mogę znaleźć…?**	gdz^{y}è **mo**gè **zna**les^{y}ts^{y}
A quelle distance?	**Jak daleko?**	yak da**lè**ko
Il faut combien de temps?	**Jak długo?**	yak **d^{OU}ou**go
Combien?	**Ile?**	ilè
Combien coûte ceci?	**Ile to kosztuje?**	ilè to koch**tou**yè
A quelle heure ouvre/ferme…?	**O której otwierają/zamykają…?**	o **ktou**réy otfyè**ra**yo^{n}/ zamé**ka**yo^{n}
Comment appelle-t-on ça en polonais?	**Jak się to nazywa po polsku?**	yak s^{y}è to na**zé**va po **pol**skou
Que veut dire ceci/cela?	**Co to znaczy?**	tso to **zna**tché

Parlez-vous…? *Czy mówi pan[i] po…?*

Parlez-vous français?	**Czy mówi pan[i] po francusku?**	tché **mou**vi pan [**pa**gni] po fran**tsous**kou
Est-ce que quelqu'un ici parle français?	**Czy ktoś tu mówi po francusku?**	tché ktos^{y} tou **mou**vi po fran**tsous**kou
Je ne parle pas (bien) polonais.	**Nie mówię (zbyt dobrze) po polsku.**	gnè **mou**vyè (zbét **dob**jè) **pol**skou
Pourriez-vous parler plus lentement, s.v.p.?	**Proszę mówić trochę wolniej.**	**pro**chè **mou**vits^{y} **tro**KHè **vol**gnèy
Pourriez-vous répéter ça?	**Proszę to powtórzyć.**	**pro**chè to pof**tou**jéts^{y}
Pourriez-vous l'épeler?	**Proszę to przeliterować.**	**pro**chè to pchèli**tè**ro**vats^{y}**

Comment prononce-t-on ça?	**Jak to się wymawia?**	yak to s^{y}è **vé**mavya
Pourriez-vous l'écrire, s.v.p.?	**Proszę to napisać.**	**pro**chè to na**pi**sats^{y}
Pourriez-vous me/nous traduire ça?	**Proszę mi/nam to przetłumaczyć.**	**pro**chè mi/nam to pchet^{OU}ou**ma**tchèts^{y}
Pourriez-vous me montrer le/la ... dans le livre , s.v.p.?	**Proszę mi pokazać ... w tych rozmówkach.**	**pro**chè mi po**ka**zats^{y} ... f tékH roz**mouf**kakH
mot	**słowo**	**s^{OU}o**vo
expression	**zwrot**	zvrot
phrase	**zdanie**	**zda**gnè
Un instant.	**Chwileczkę.**	KHfi**lè**tchkè
Je vais voir si je le trouve dans ce livre.	**Zobaczę czy uda mi się to znaleźć w tej książce.**	zo**ba**tchè tché **ou**da mi s^{y}è to **zna**les^{y}ts^{y} f tèy **ks^{y}o^{n}ch**tsè
Je comprends.	**Rozumiem.**	ro**zou**myèm
Je ne comprends pas.	**Nie rozumiem.**	gnè ro**zou**myèm
Vous comprenez?	**Czy pan[i] rozumie?**	tché pan [**pa**gni] ro**zou**myè

Puis-je ...? *Czy mogę ...?*

Puis-je avoir ...?	**Czy mogę dostać ...?**	tché **mo**gè **dos**tats^{y}
Pouvons-nous avoir ...?	**Czy możemy dostać ...?**	tché mo**jè**mé **dos**tats^{y}
Pouvez-vous m'indiquer ...?	**Czy może mi pan[i] pokazać ...?**	tchy **mo**jè mi pan [**pa**gni] po**ka**zats^{y}
Je ne peux pas.	**Nie mogę.**	gnè **mo**gè
Pouvez-vous me dire ...?	**Czy może mi pan [pani] powiedzieć ...?**	tché **mo**jè mi pan [**pa**gni] po**vyè**dz^{y}èts^{y}
Pouvez-vous m'aider?	**Czy może mi pan [pani] pomóc?**	tché **mo**jè mi pan [**pa**gni] **po**mouts
Puis-je vous aider?	**Słucham pana [panią]?**	**s^{OU}ou**KHam **pa**na [**pa**gno^{n}]
Pouvez-vous m'indiquer le chemin de ...?	**Czy może mi pan [pani] pokazać drogę do ...?**	tché **mo**jè mi pan [**pa**gni] po**ka**zats^{y} **dro**gè do

Voulez-vous ...? *Czy chce pan[i] ...?*

Je voudrais ...	**Chciał(a)bym ...**	**KHts^{y}a^{OU}**bém (**KHts^{y}a^{OU}**abém)
Nous voudrions ...	**Chcielibyśmy (Chciałybyśmy) ...**	**KHts^{y}è**libés^{y}mé (KHts^{y}a^{OU}ébés^{y}mé)
Qu'est-ce que vous voulez?	**Czego pan [pani] potrzebuje?**	**tchè**go pan [**pa**gni] pot-chè**bou**yè
Pourriez-vous me donner ...?	**Poproszę ...**	po**pro**chè
Pourriez-vous m'apporter ...?	**Czy mógłby [mogłaby] mi pan [pani] przynieść ...?**	tché **moug^{OU}**bé [**mog^{OU}**abé] mi pan [**pa**gni] **pché**n^{y}èch^{y}ts^{y}
Pourriez-vous m'indiquer..?	**Czy mógłby [mogłaby] mi pan [pani] pokazać ...?**	tché **moug^{OU}**bé [**mo**gouabé] mi pan [**pa**gni] po**ka**zats^{y}
Je cherche ...	**Szukam ...**	**chou**kam
Je suis à la recherche de ...	**Poszukuję ...**	pochou**kou**yè
J'ai faim.	**Jestem głodny (głodna).**	**yè**stèm **g^{OU}**odné (**g^{OU}**odna)
J'ai soif.	**Chce mi się pić.**	KHtse mi s^{y}è pits^{y}
Je suis fatigué(e).	**Jestem zmęczony (zmęczona).**	**yè**stèm zment**cho**né (sme^{n}**tscho**na)
Je me suis égaré(e).	**Zgubiłem (Zgubiłam) się.**	zgou**bi**^{OU}èm (zgou**bi**^{OU}am) s^{y}è
C'est important.	**To ważne.**	to **vaj**nè
C'est urgent.	**To pilne.**	to **pil**nè

C'est/Il y a ... *Jest/To jest ...*

C'est ...	**To (jest) ...**	to (yèst)
Est-ce ...?	**Czy to (jest) ...?**	tché to (yèst)
Ce n'est pas ...	**To nie (jest) ...**	to gne (yèst)
Le voici/la voici.	**Proszę.**	**pro**chè
Il y a ... (sing.)	**Jest ...**	yèst
Il y a ... (plur.)	**Są ...**	so^{n}
Y a-t-il ...?	**Czy jest/Czy są ...?**	tché yèst/tché so^{n}
Il n'y a pas ...	**Nie ma ...**	gne ma
Il n'y en a pas.	**Nie ma żadnych.**	gne ma **jad**néKH

C'est… *To jest…*

beau/laid	**piękne/brzydkie**	pyèngknè/bjétkye
bon marché/cher	**tanie/drogie**	tagnè/drogyè
bon/mauvais	**dobre/złe**	dobrè/z^{ou}è
chaud/froid	**ciepłe/zimne**	ts^{y}èp^{ou}è/z^{y}imnè
facile/difficile	**łatwe/trudne**	^{ou}atvè/troudgnè
grand/petit	**duże/małe**	dujè/ma^{ou}è
ici/là-bas	**tutaj/tam**	toutay/tam
juste/faux	**dobre/złe**	dobrè/z^{ou}è
prochain/dernier	**następne/ostatnie**	nastèmpnè/ostatgnè
libre/occupé	**wolne/zajęte**	volnè/zayèntè
lourd/léger	**ciężkie/lekkie**	ts^{y}ènchkyè/lèk-kyè
mieux/pire	**lepsze/gorsze**	lèpchè/gorchè
ouvert/fermé	**otwarte/zamknięte**	otfartè/zamkgnèntè
plein/vide	**pełne/puste**	pè^{ou}nè/poustè
près/loin	**bliskie/dalekie**	bliskyè/dalèkyè
rapide/lent	**szybkie/wolne**	chépkyè/volnè
tôt/tard	**wczesne/późne**	ftchèsnè/pouz^{y}nè
vieux/jeune	**stare/młode**	starè/m^{ou}odè
vieux/nouveau	**stare/nowe**	starè/novè

Quantités *Ilości*

un peu/beaucoup	**trochę/dużo**	trokhè/doujo
peu de/quelques	**mało/kilka**	ma^{ou}o/kilka
beaucoup (sing.)	**dużo**	doujo
beaucoup (plur.)	**wielu/wiele**	vyèlou/vyèlè
plus/moins (que)	**więcej/mniej (niż)**	vyèntsèy/mgnèy (nij)
assez/trop	**dosyć/zbyt**	doséts^{y}/zbét

Quelques autres mots utiles *Kilka innych pożytecznych wyrazów*

à	**w**	v
à côté de	**obok/koło**	**o**bok/**ko**^{ou}o
après	**po**	po
à travers	**przez**	pchès
aucun(e)	**żaden**	**ja**dèn
au-dessous	**poniżej**	po**gni**jèy
au-dessus	**powyżej**	po**vé**jèy
aussi	**także**	**tag**jè
avant	**przed**	pchèt
avec	**z**	z
bientôt	**wkrótce**	**fkrout**tsè
chez	**u**	ou
dans	**w**	v
de	**z/od**	z/ot
dedans	**wewnątrz**	**vè**vnontch
dehors	**na zewnątrz**	na **zè**vnontch
déjà	**z/od**	z/ot
depuis	**od**	ot
derrière	**za**	za
en bas	**na dole**	na **do**lè
en haut	**na górze**	na **gou**jè
ensuite	**wtedy**	**ftè**dé
entre	**pomiędzy**	po**mièn**dzé
et	**i**	i
jamais	**nigdy**	**gni**gdé
jusqu'à	**do**	do
maintenant	**teraz**	**tè**ras
mais	**ale**	**a**lè
ne ... pas	**nie**	gnè
ne ... plus	**ale**	**a**lè
ou	**lub/czy**	loup/tché
pas encore	**jeszcze**	**yèch**tchè
pendant	**w czasie**	f **tchas**^{y}è
peut-être	**być może**	béts^{y} **mo**jè
pour	**od/przez**	ot/pchès
près	**blisko**	**bli**sko
puis	**wtedy**	**ftè**dé
rien	**nic**	gnits
sans	**bez**	bès
seulement	**tylko**	**tél**ko
sous	**pod**	pot
sur	**na**	na
toujours	**zawsze**	**za**fchè
très	**bardzo**	**bar**dzo
vers	**w kierunku**	f kyè**roun**kou

Arrivée

Contrôle des passeports *Kontrola paszportowa*

Lorsque vous arriverez en Pologne, on tamponnera votre passeport au contrôle des passeports. Il n'y a pas besoin de visa pour les visiteurs qui possèdent un visa valide venant de la plupart des pays européens, mais il est conseillé de vérifier les régulations avant votre départ.

Voici mon passeport.	**Oto mój paszport.**	**o**to mouy **pach**port
Je resterai...	**Będę...**	**bèn**dè
quelques jours	**kilka dni**	**kil**ka dgni
une semaine	**tydzień**	**té**dz^{y}ègn
deux semaines	**dwa tygodnie**	dva té**go**dgnè
un mois	**miesiąc**	**myès**^{y}onts
Je ne sais pas encore.	**Nie wiem jeszcze.**	gnè vyèm **yè**chtchè
Je suis ici en vacances.	**Jestem tutaj na wakacjach.**	**yès**tèm **tou**tay na va**kat**syaKH
Je suis ici pour affaires.	**Jestem tu służbowo/w interesach.**	**yès**tèm tou s^{OU}oujbovo/v intè**rès**aKH
Je suis en transit.	**Jestem przejazdem.**	**yès**tèm pchè**yaz**dèm

En cas de problèmes:

Excusez-moi, je ne comprends pas.	**Przykro mi, ale nie rozumiem.**	p**ché**kro mi **a**lè gnè ro**zou**myèm
Y a-t-il quelqu'un qui parle français?	**Czy ktoś tu mówi po francusku?**	tché ktos^{y} tou **mou**vi po frant**sou**skou

À LA DOUANE
ODPRAWA CELNA

Après avoir récupéré vos bagages à l'aéroport—*lotnisko*, vous avez le choix: suivez le signe vert si vous n'avez rien à déclarer ou suivez le signe rouge si vous avez quelque chose à déclarer (excédant les marchandises que vous avez le droit de transporter).

marchandises à déclarer towary do zgłoszenia	**rien à déclarer** nic do zgłoszenia

Le tableau ci-dessous vous montre ce que vous pouvez importer en franchise

Entrée en: Pologne	 Cigarettes	 Cigares	 Tabac	 Alcool	 Vin
	250 ou 50 ou 150g			1l et 1l	

Je n'ai rien à déclarer.	**Nie mam nic do oclenia.**	gnè mam gnits do ots**lè**gna
J'ai…	**Mam…**	mam
cartouche de cigarettes	**karton papierosów**	**kar**ton papyè**ro**souf
bouteille de whisky	**butelkę whisky**	bou**tèl**kè **oué**ski
C'est pour mon usage personnel.	**To jest do mojego osobistego użytku.**	to yèst do mo**yè**go osobis**tè**go ou**jét**kou
C'est un cadeau.	**To jest na prezent.**	to yèst na **prè**zènt

Pana [Pani] paszport, proszę.	Votre passeport, s'il vous plaît.
Czy ma pan [pani] coś do oclenia?	Avez-vous quelque chose à déclarer?
Proszę otworzyć tę torbę.	Pouvez-vous ouvrir ce sac, s.v.p.?
Musi pan [pani] za to zapłacić cło.	Il y a des droits de douane à payer sur cet article.
Czy ma pan[i] więcej bagażu?	Avez-vous d'autres bagages?

Bagages—Porteur *Bagaż—Bagażowy*

Porteur!	**Bagażowy!**	bagajové
Prenez ce/mon . . . , s.v.p.	**Proszę zabrać . . .**	prochè zabrats^{y}
bagage	**(ten/mój) bagaż**	(tèn/mouy) bagach
valise	**(tę/moją) walizkę**	(tè/moyo^{n}) valiskè
sac de voyage	**(tę/moją) torbę podróżną**	(tè/moyo^{n}) torbè podroujno^{n}
C'est le mien/la mienne.	**Ta jest moja.**	ta yèst moya
Portez ces bagages à la/au . . .	**Proszę zabrać ten bagaż . . .**	prochè zabrats^{y} tèn bagach
bus	**do autobusu**	do aoutobousou
consigne	**do schowków na bagaż**	do SKHofkouf na bagach
taxi	**do taksówki**	do taksoufki
Combien vous dois-je?	**Ile płacę?**	ilè p^{OU}atsè
Il en manque un/une.	**Brakuje jednej sztuki.**	brakouyè yèdnèy chtouki
Où sont les chariots à bagages?	**Gdzie są wózki bagażowe?**	gdz^{y}è so^{n} vouski bagajovè

Change *Wymiana walut*

On trouve des bureaux de change dans les hôtels et les banques ainsi qu'à l'aéroport de Varsovie. Il existe aussi un réseau bien développé de bureaux de change privés et d'état dans les centres-villes et les grandes villes. N'acceptez jamais de faire des transactions «au marché noir» dans la rue: vous risquez de vous faire voler.

Où est le bureau de change le plus proche?	**Gdzie jest najbliższy kantor wymiany walut?**	gdz^{y}è yèst nayblich-ché kantor vémyané valout
Pouvez-vous changer ces chèques de voyage?	**Czy mogę wymienić te czeki podróżne?**	tchè mogè vémyègnits^{y} tè tchèki podroujnè
Je voudrais changer des . . .	**Chciał(a)bym wymienić trochę . . .?**	KHts^{y}a^{OU}bém (KHts^{y}a^{OU}abém) vémyègnits^{y} troKHè
francs belges	**belgijskich frankow**	bèlgiyskiKH frankouf
francs français	**francuskich frankow**	frantsouskiKH frankouf

BANQUES—CHANGE, voir page 129

francs suisses	**szwajcarskich frankow**	chfay**tsa**rskiKH **fran**kouf
Pouvez-vous changer ceci contre des zloty?	**Czy może mi to pan [pani] wymienić na złote?**	tché **mo**jè mi to pan [**pa**gni] vé**myè**gnits^{y} na z^{OU}**o**tè
Quel est le taux de change?	**Jaki jest kurs wymiany?**	**ya**ki yèst kours vé**mya**né

Où est...? *Gdzie jest...?*

Où est...?	**Gdzie jest...?**	gdz^{y}è yèst
bureau des réservations	**biuro rezerwacji**	**byou**ro rèzèr**va**tsyi
kiosque à journaux	**kiosk**	kyosk
magasin hors-taxe	**sklep wolnocłowy**	sklèp volno**ts^{OU}o**vé
restaurant	**restauracja**	rèstaou**ra**tsya
Comment puis-je aller à/au...?	**Jak się dostać do...?**	yak s^{y}è **do**stats^{y} do
Y a-t-il un bus pour aller en ville?	**Czy jest stąd autobus do centrum?**	tché yèst stont aou**to**bous do **tsèn**troum
Où puis-je trouver un taxi?	**Gdzie mogę znaleźć taksówkę?**	gdz^{y}è **mo**gè **zna**les^{y}ts^{y} tak**souf**kè
Où puis-je louer une voiture?	**Gdzie mogę wynająć samochód?**	gdz^{y}è **mo**gè vé**na**yonts^{y} sa**mo**KHout

Réservation d'hôtel *Rezerwacja hotelu*

Avez-vous un guide des hôtels?	**Czy ma pan [pani] spis hoteli?**	tché ma pan [**pa**gni] spis KHo**tè**li
Pourriez-vous me réserver une chambre?	**Czy może mi pan [pani] zarezerwować pokój?**	tché **mo**jè mi pan [**pa**gni] zarèzèr**vo**vats^{y} **po**kouy
dans le centre-ville	**w centrum**	f **tsèn**troum
près de la gare	**blisko dworca kolejowego**	**bli**sko **dvor**tsa kolèyo**vè**go
une chambre à un lit	**pokój jednoosobowy**	**po**kouy **yè**dnooso**bo**vé
une chambre pour deux personnes	**pokój dwuosobowy**	**po**kouy dvou-oso**bo**vé
pas trop chère	**niezbyt drogi**	**gnè**zbét **dro**gi
Où se trouve l'hôtel/la pension?	**Gdzie jest hotel/ pensjonat?**	gdz^{y}è yèst **KHo**tèl/ pèn**syo**nat
Avez-vous un plan de la ville?	**Czy ma pan [pani] plan miasta?**	tché ma pan [**pa**gni] plan **mya**sta

HÔTEL—LOGEMENT, voir page 22

Location de voiture *Wynajem samochodów*

Les agences internationales de location de voiture ont plusieurs filiales en Pologne. Avec certaines compagnies, le conducteur doit avoir au moins 23 ans et posséder un permis de conduire depuis plus de quatre ans.

Je voudrais louer une voiture…	**Chciał(a)bym wynająć… samochód.**	KHts^{y}a^{OU}bém (KHts^{y}a^{OU}abém) vénayonts^{y} … samoKHout
petite	**mały**	ma^{OU}é
moyenne	**średniej wielkości**	s^{y}rèdgnèy vyèlkos^{y}ts^{y}i
grande	**duży**	doujé
à vitesses automatique	**z automatyczną skrzynią biegów**	z aoutomatétchno^{n} skchégno^{n} byègouf
Je la voudrais pour un jour/une semaine.	**Chciał(a)bym go na jeden dzień/tydzień.**	KHts^{y}a^{OU}bém (KHts^{y}aouabém) go na yèdèn dz^{y}ègn/tédz^{y}ègn
Y a-t-il des forfaits pour le week-end?	**Czy są jakieś warunki dotyczące soboty i niedzieli?**	tché so^{n} yakyès^{y} varounki dotétchontsè soboté i gnèdz^{y}èli
Avez-vous des tarifs spéciaux?	**Czy mają państwo jakąś specjalną taryfę?**	tché mayo^{n} pagnstfo yako^{n}s^{y} spètsyalno^{n} taréfè
Quel est le tarif par jour/semaine?	**Jaka jest opłata za dzień/tydzień?**	yaka yèst op^{OU}ata za dz^{y}ègn/tédz^{y}ègn
Est-ce que le kilométrage est compris?	**Czy jest dodatkowa opłata od ilości przejechanych kilometrów?**	tché yèst dodatkova op^{OU}ata ot ilos^{y}ts^{y}i pchèyèKHanéKH kilomètrouf
Quel est le tarif par kilomètre?	**Jaka jest opłata za jeden kilometr?**	yaka yest op^{OU}ata za yèdèn kilomètr
J'aimerais laisser la voiture à…	**Chciał(a)bym zostawić samochód w…**	KHts^{y}a^{OU}bém (KHts^{y}a^{OU}abèm) zostavits^{y} samoKHout v
Je voudrais une assurance tous risques.	**Poproszę pełne ubezpieczenie.**	poprochè pè^{OU}nè oubèspyètchègnè
Quel est le montant de la caution?	**Ile wynosi kaucja?**	ilè vénos^{y}i kaoutsya
J'ai une carte de crédit.	**Mam kartę kredytową.**	mam kartè krèdétovo^{n}
Voici mon permis de conduire.	**Oto moje prawo jazdy.**	oto moyè pravo yazdé

VOITURE, voir page 75

Taxi *Taksówka*

Les compagnies de taxi sont nombreuses et les prix peuvent varier. Vous trouverez des taxis à une station de taxis ou en leur faisant signe dans la rue. Tous les taxis sont équipés de compteurs, bien que le prix de la course ne soit pas forcément celui indiqué sur le compteur (dans les vieux taxis, ce chiffre est multiplié par un tarif fixe qui devrait être affiché près du compteur). Mieux vaut vous assurer du prix de la course à l'avance.

Où puis-je trouver un taxi?	**Gdzie mogę znaleźć taksówkę?**	gdz^{y}è **mo**gè **zna**lès^{y}ts^{y} ta**ksouf**kè
Où est la station de taxis?	**Gdzie jest postój taksówek?**	gdz^{y}è yèst **pos**touy ta**ksou**vèk
Pourriez-vous m'appeler un taxi?	**Czy może mi pan [pani] zamówić taksówkę?**	tché **mo**jè mi pan [**pa**gni] za**mou**vits^{y} ta**ksouf**kè
Quel est le tarif pour…?	**Ile wynosi opłata do…**	**i**lè vé**nos**^{y}i op^{OU}**a**ta do
A quelle distance se trouve…?	**Jak daleko jest do…?**	yak da**lè**ko yèst do
Conduisez-moi à…	**Proszę mnie zawieźć…**	**pro**chè mgnè **za**vyès^{y}ts^{y}
cette adresse	**pod ten adres**	pot tèn **a**drès
aéroport	**na lotnisko**	na lot**gni**sko
centre-ville	**do centrum**	do **tsèn**troum
gare	**na dworzec kolejowy**	na **dvo**jèts kolè**yo**vé
hôtel…	**do hotelu…**	do кнo**tè**lou
Arrêtez-vous ici, s.v.p.	**Proszę się tu zatrzymać.**	**pro**chè s^{y}è tou za**tché**mats^{y}
Je suis pressé(e).	**Śpieszę się.**	**spyè**chè s^{y}è
Pourriez-vous conduire plus lentement?	**Czy może pan [pani] jechać wolniej?**	tchè **mo**jè pan [**pa**gni] **yè**кнats^{y} **vol**gnèy
Pourriez-vous m'aider à porter mes bagages?	**Czy może mi pan[i] pomóc nieść bagaż?**	tché **mo**jè mi pan [**pa**gni] **po**mouts gnès^{y}ts^{y} **ba**gach
Pourriez-vous m'attendre?	**Czy może pan [pani] na mnie poczekać?**	tché **mo**jè pan [**pa**gni] na mgnè pot**chè**kats^{y}
Je reviens dans dix minutes.	**Będę z powrotem za 10 minut.**	**bèn**dè s pov**ro**tèm za 10 **mi**nout

POURBOIRES, voir 3ème page de couverture

Hôtel—Logement

Hotel
(кнотèl)

Les hôtels sont maintenant classés d'après le système international d'étoiles. Ils doivent tous être conformes à certaines normes minimales qui varient selon le nombre d'étoiles. Les hôtels 5 étoiles offrent le logement le plus confortable ainsi qu'une gamme complète de services supplémentaires, y compris piscine et sauna. Dans les hôtels 4 étoiles, toutes les chambres ont une salle de bain privée, et le petit déjeuner est en général compris dans le prix, ainsi que les services qu'on trouve habituellement dans les hôtels, tels que le nettoyage ou l'envoi de fax. Dans les hôtels 3 étoiles, les chambres sont normalement équipées d'une douche et l'hôtel fournit des services simples. Dans les hôtels 2 étoiles, les chambres ont un lavabo avec eau chaude et froide, tandis que les hôtels 1 étoile n'offrent qu'un logement très simple.

Motel
(**mo**tèl)

Les motels sont classés selon les mêmes normes que les hôtels et devraient offrir le même type de confort. Ils sont généralement situés près des principales routes nationales ou internationales.

Pensjonat
(pèn**syo**nat)

Le logement en pension peut en général être réservé par l'intermédiaire d'une agence de voyages. Les pensions doivent avoir sept chambres ou plus et proposer des repas. On trouve souvent ce type de logement dans les stations balnéaires et les stations de montagne, et ces pensions sont classées en première (*kat.1*), deuxième (*kat.2*) et troisième (*kat. 3*) catégories.

Pokoje gościnne
(po**ko**yè gos^y**ts^yin**-nè)

Les chambres à louer ne sont pas très répandues en Pologne, sauf en haute saison dans certaines villes touristiques et grandes villes. Vous verrez peut-être un panneau affiché à la fenêtre d'une maison, portant l'inscription *pokój do wynajęcia*, ou encore vous pourrez demander à une agence de voyage de se charger des démarches. Les chambres sont classées selon les mêmes normes que les

	pensions et le degré de confort peut varier. Le petit déjeuner n'est pas compris habituellement, bien que les prix soient très raisonnables.
Schroniska (sKHro**gni**ska)	Si vous aimez les promenades ou la marche en montagne, pourquoi ne pas choisir un chalet qui offre à la fois le logement et la nourriture? Le degré de confort peut varier selon les lieux et l'équipement disponible.

Pouvez-vous me recommender un hôtel/une pension?	**Czy może mi pan[i] polecić hotel/pensjonat?**	tché **mo**jè mi pan [**pa**gni] polèts^{y}its^{y} KHOtèl/ pèn**syo**nat
Y a-t-il des appartements libres?	**Czy są wolne jakieś samodzielne mieszkania?**	tché so^{n} **vol**nè **ya**kyes^{y} samo**dz^{y}èl**nè myèch**ka**gna

A la réception *Przyjazd—Recepcja*

Je m'appelle...	**Nazywam się...**	na**zè**vam s^{y}è
J'ai réservé.	**Mam rezerwację.**	mam rèzèr**va**tsyè
Nous avons réservé deux chambres.	**Zarezerwowaliśmy dwa pokoje/apartament.**	zarèzèrvo**va**lis^{y}mé dva po**ko**yè/apar**ta**mènt
Voici la confirmation.	**Oto potwierdzenie.**	**o**to potfyèr**dzè**gnè
Avez-vous encore des chambres libres?	**Czy są jakieś wolne pokoje?**	tché so^{n} **ya**kyès^{y} **vol**nè po**ko**yè
Je voudrais une...	**Chciał(a)bym...**	**KHts^{y}a^{OU}**bém (**KHts^{y}a**^{OU}abém)
chambre à un lit	**pokój jednoosbowy**	**po**kouy **yè**dno-oso**bo**vé
chambre pour deux personnes	**pokój dwuosobowy**	**po**kouy dvou-oso**bo**vé
Nous voudrions une chambre avec...	**Chcielibyśmy (Chciałybyśmy) pokój...**	**KHts^{y}è**libés^{y}mé (**KHts^{y}a**^{OU}ébés^{y}mé) **po**kouy
lits jumeaux	**z dwoma łóżkami**	z **dvo**ma ^{OU}ouch**ka**mi
grand lit	**z podwójnym łóżkiem**	z pod**vouy**ném ^{OU}**ouch**kyèm
salle de bain	**z łazienką**	z ^{OU}**az^{y}èn**ko^{n}
douche	**z prysznicem**	s pré**chgnit**sem
balcon	**z balkonem**	z bal**ko**nèm
vue sur la rue	**od frontu**	ot **fron**tou
vue sur la cour	**od podwórza**	ot pod**vou**ja
Elle doit être calme.	**Musi być cichy.**	**mou**s^{y}i béts^{y} **ts^{y}i**KHé

CAMPING, voir page 32

Y a-t-il un/une...?	**Czy jest...?**	tché yèst
blanchisserie	**usługi pralnicze**	**ous**^{OU}ougi pral**gni**tchè
des toilettes dans la chambre	**osobna toaleta**	o**sob**na toa**lè**ta
eau chaude	**ciepła woda**	**ts**^{y}**è**p^{OU}a **vo**da
climatisation	**klimatyzacja**	klimaté**za**tsya
radio/télévision dans la chambre	**radio/telewizor w pokoju**	**ra**dio/tèl**è**vizor f po**ko**you
salle de conférence	**pokój konferencyjny**	**po**kouy konfèrèn**tséy**né
service des chambres	**serwis pokojowy**	**sèr**vis poko**yo**vé
Pourriez-vous mettre un lit supplémentaire/un lit d'enfant dans la chambre?	**Czy mógłby pan [mogłaby pani] wstawić do pokoju dodatkowe łóżko/łóżeczko?**	tché **moug**^{OU}bé pan [mog^{OU}abé **pa**gni] **fsta**vits^{y} do po**ko**you dodat**ko**vè ^{OU}**ou**chko/^{OU}ou**jètch**ko

Combien? *Ile płacę?*

Combien coûte...?	**Ile kosztuje...?**	ilè koch**tou**yè
par jour	**za dzień**	za dz^{y}ègn
par semaine	**za tydzień**	za **té**dz^{y}ègn
pour la chambre et le petit déjeuner	**za nocleg i śniadanie**	za **nots**lèk i s^{y}gna**da**gnè
sans les repas	**bez posiłków**	bès pos^{y}**i**^{OU}kouf
la pension complète	**z pełnym wyżywieniem**	s **pe**^{OU}ném véjé**vyè**gnèm
la demi-pension	**z częściowym wyżywieniem**	s tchè^{n}s^{y}**ts**^{y}**o**vém véjé**vyè**gnèm
Est-ce que cela comprend...?	**Czy wliczone jest w to...?**	tché vli**tcho**nè yèst f to
petit déjeuner	**śniadanie**	s^{y}gna**da**gnè
service	**obsługa**	ops^{OU}**ou**ga
Y a-t-il une réduction pour enfants?	**Czy są jakieś zniżki dla dzieci?**	tché so^{n} **ya**kyes^{y} **zni**chki dla **dz**^{y}**è**ts^{y}i
Faut-il payer pour le bébé?	**Czy pobierają państwo opłatę za małe dziecko?**	tché pobyè**ra**yo^{n} **pagn**stfo op^{OU}atè za **ma**^{OU}è **dz**^{y}**è**tsko
C'est trop cher.	**To jest zbyt drogie.**	to yest zbét **dro**gyè
Avez-vous quelque chose de moins cher?	**Czy ma pan[i] coś tańszego?**	tché ma pan [**pa**gni] tsos^{y} tagn**chè**go

DÉPART, voir page 31

Pour combien de temps? *Jak długo?*

Nous resterons...	**Zostaniemy...**	zosta**gnè**mé
une nuit seulement	**tylko przez jedną noc**	**té**lko pchès **yè**dno^{n} nots
quelques jours	**kilka dni**	**kil**ka dgni
une semaine	**tydzień**	**té**dz^{y}ègn
Je ne sais pas encore.	**Jeszcze nie wiem.**	**yèch**tchè gnè vyèm

Décision *Decyzja*

Puis-je voir la chambre?	**Czy mogę zobaczyć pokój?**	tchè **mo**gè zo**ba**tchéts^{y} **po**kouy
C'est bien. Je la prends.	**W porządku. Wezmę go.**	f po**jont**kou. **vè**zmè go
Non. Elle ne me plaît pas.	**Nie. Nie podoba mi się.**	gnè. gnè po**do**ba mi s^{y}è
Elle est trop...	**Jest zbyt...**	yèst zbét
froide/chaude	**zimny/gorący**	z^{y}**im**né/go**ron**tsé
sombre/petite	**ciemny/mały**	**ts^{y}èm**né/**ma**^{OU}é
bruyante	**hałaśliwy**	кнa^{OU}as^{y}**li**vé
J'ai demandé une chambre avec bain.	**Prosiłem (Prosiłam) o pokój z wanną.**	pros^{y}**i**^{OU}èm (pro**s^{y}i**ouam) o **po**kouy z **van**-no^{n}
Avez-vous quelque chose de...?	**Czy ma pan[i] coś...?**	tché ma pan [**pa**gni] tsos^{y}
mieux	**lepszego**	lè**pchè**go
moins cher	**tańszego**	tagn**chè**go
plus calme	**spokojniejszego**	spokoygnèy**chè**go
plus grand	**większego**	vyengk**chè**go
Avez-vous une chambre avec une plus belle vue?	**Czy ma pan[i] pokój z lepszym widokiem?**	tchè ma pan [**pa**gni] **po**kouy z **lè**pchém vi**do**kyèm

Enregistrement *Rejestracja*

Czy mogę zobaczyć pana [pani] paszport?	Puis-je voir votre passeport, s.v.p.?
Czy mógłby pan [mogłaby pani] wypełnić ten formularz?	Pourriez-vous remplir cette fiche?
Proszę tu podpisać.	Signez ici, s.v.p.
Jak długo pan[i] zostaje?	Combien de temps resterez-vous?

NOMBRES, voir page 147

A votre arrivée à l'hôtel, on vous demandera de remplir une fiche (*formularz*).

Nazwisko/Mię	Nom/Prénom
Miejsce zamieszkania/Ulica/ Numer	Lieu de résidence/rue/ numéro
Obywatelstwo/Zawód	Nationalité/Profession
Data/Miejsce urodzenia	Date/Lieu de naissance
Przyjeżdżający z... /Jadący do...	Venant de... /A destination de...
Numer paszportu	Numéro de passeport
Miejsce/Data	Lieu/Date
Podpis	Signature

Qu'est-ce que cela veut dire?	**Co to znaczy?**	tso to **zna**tché
Quel est le numéro de ma chambre?	**Jaki jest numer mojego pokoju?**	**ya**ki yèst **gnou**mèr mo**yè**go po**ko**you
Pouvez-vous faire monter nos bagages?	**Czy ktoś przyniesie nasz bagaż na górę?**	tché ktos^y pché**gnes**^{y}è nach **ba**gach na **gou**rè
Où puis-je garer ma voiture?	**Gdzie mogę zaparkować samochód?**	gdz^{y}è **mo**gè zapar**ko**vats^y sa**mo**KHout
L'hôtel a-t-il un garage?	**Czy jest tu garaż?**	tché yest tu **ga**rach
Je voudrais déposer ceci dans le coffre-fort de l'hôtel, s.v.p.	**Chciał(a)bym zostawić to w sejfie hotelowym.**	**KHts^{y}a^{OU}**bém (KHts^{y}a^{OU}abém) zos**ta**vits^y to f **sey**fyè KHotè**lo**vém

Personnel hôtelier *Pracownicy hotelu*

concierge	**portier**	**por**tyèr
femme de chambre	**pokojówka**	poko**you**fka
directeur	**kierownik**	kyè**ro**vgnik
portier	**bagażowy**	baga**jo**vé
réceptionniste	**recepcjonista/ recepcjonistka**	rètsèptsyo**gni**sta/ rètsèptsyo**gni**stka
standardiste	**telefonista/ telefonistka**	tèlèfo**gni**sta/tèlèfo**gni**stka
serveur	**kelner**	**kèl**nèr
serveuse	**kelnerka**	kel**nè**rka

Questions d'ordre général *Rozmowy w hotelu*

La clé de la chambre..., s.v.p.	**Proszę klucz do pokoju...**	**pro**chè kloutch do po**ko**you
Pourriez-vous me réveiller à..., s.v.p.?	**Czy mógłby pan [mogłaby pani] obudzić mnie o...?**	tché **moug**^{OU}bé pan [**mog**^{OU}abé **pa**gni] o**bou**dz^{y}its^{y} mgnè o
A quelle heure servez-vous le petit déjeuner/déjeuner/dîner?	**Kiedy podawane są śniadanie/obiad/kolacja?**	**kyè**dé poda**wa**nè so^{n} s^{y}gna**da**gnè/**o**byat/ko**lat**sya
Pouvons-nous prendre le petit déjeuner dans notre chambre, s.v.p.?	**Czy możemy dostać śniadanie do pokoju?**	tchè mo**jè**mé **do**stats^{y} s^{y}gna**da**gnè do po**ko**you
Y a-t-il une salle de bains à cet étage?	**Czy jest na tym piętrze łazienka?**	tché yèst na tém **pyèn**t-chè ^{OU}az^{y}**èn**ka
Quel est le voltage?	**Jakie jest tu napięcie w sieci?**	**ya**kyè yèst tou na**pyèn**ts^{y}è f **s**^{y}**è**ts^{y}i
Où est la prise pour rasoirs?	**Gdzie jest gniazdko do maszynki do golenia?**	gdz^{y}è yèst **ggna**stko do ma**chén**ki do go**lè**gna
Pouvez-vous me procurer un/une...?	**Czy może mi pan[i] znaleźć...?**	tché **mo**jè mi pan [**pa**gni] **zna**lès^{y}ts^{y}
garde d'enfants	**opiekunkę do dziecka**	opyè**koun**kè do **dz**^{y}**è**tska
machine à écrire	**maszynę do pisania**	ma**ché**nè do pi**sa**gna
secrétaire	**sekretarkę**	sèkrè**tar**kè
Puis-je avoir...?	**Czy mógłbym (mogłabym) dostać...?**	tché **moug**^{OU}bém (**mog**^{OU}abém) **do**stats^{y}
aiguille et du fil	**igłę z nitką**	ig^{OU}è z **gni**tko^{n}
bouillotte	**termofor**	tèr**mo**for
cendrier	**popielniczkę**	popyèl**gni**tchkè
cintres	**wieszaków**	wyè**cha**kouf
couverture supplémentaire	**dodatkowy koc**	dodat**ko**vé kots
enveloppes	**koperty**	ko**pèr**té
glaçons	**trochę lodu**	**tro**KHè **lo**dou
lampe de chevet	**lampę stojącą**	**lam**pè sto**yon**tso^{n}
oreiller (supplémentaire)	**(dodatkową) poduszkę**	(dodat**ko**vo^{n}) po**douch**kè
papier à lettres	**papier do pisania**	**pa**pyèr do pi**sa**gna
savon	**mydło**	**méd**^{OU}o
serviette de bain	**ręcznik kąpielowy**	**rèn**tchgnik kompyè**lo**vé

HEURES, voir page 153/PETIT DÉJEUNER, page 42

Où est...?	**Gdzie jest...?**	gdz^{y}è yest
ascenseur	**winda**	vinda
coiffeur	**fryzjer**	frézyèr
salle à manger	**jadalnia**	yadalgna
salle de bain	**łazienka**	^{OU}az^{y}ènka
sortie de secours	**wyjście awaryjne**	wéys^{y}ts^{y}è avaréynè
Où sont les toilettes?	**Gdzie są toalety?**	gdz^{y}è so^{n} toalèté

Téléphone—Courrier *Telefon—Poczta*

Pouvez-vous me passer le 33-12-15 à Varsovie?	**Proszę mnie połączyć z Warszawą, numer 33-12-15?**	prochè mgnè po^{OU}ontchéts^{y} z varchavo^{n} noumèr 33-12-15
Avez-vous des timbres?	**Czy ma pan[i] znaczki pocztowe?**	tché ma pan [pagni] znatchki potchtovè
Pouvez-vous poster ceci pour moi, s.v.p.?	**Czy mógłby pan [mogłaby pani] mi to wysłać?**	tché moug^{OU}bé pan [mog^{OU}abé pagni] mi to vésouats^{y}
Y a-t-il des lettres pour moi?	**Czy są dla mnie jakieś listy?**	tché so^{n} dla mgnè yakyès^{y} listé
Y a-t-il des messages pour moi?	**Czy ktoś zostawił dla mnie jakąś wiadomość?**	tché ktos^{y} zostavi^{OU} dla mgnè yakons^{y} wyadomos^{y}ts^{y}
A combien s'élève ma note de téléphone?	**Ile płacę za telefony?**	ilè p^{OU}atsè za tèlèfoné

Difficultés *Trudności*

Le/la...ne marche pas.	**... nie działa.**	... gnè dz^{y}a^{OU}a
bidet	**Bidet**	bidèt
chauffage	**Ogrzewanie**	ogjèvagnè
climatisation	**Klimatyzacja**	klimatèzatsya
lumière	**Światło**	s^{y}fyat^{OU}o
radio	**Radio**	radyo
télévision	**Telewizja**	tèlèvizya
ventilateur	**Wentylator**	vèntélator
Le robinet fuit.	**Kurek cieknie.**	kourèk ts^{y}èkgnè
Il n'y a pas d'eau chaude.	**Nie ma ciepłej wody.**	gnè ma ts^{y}èp^{OU}èj vodé
Le lavabo est bouché.	**Umywalka jest zatkana.**	ouméválka yèst zatkana

La fenêtre est bloquée.	**Okno się zacięło.**	**ok**no s^{y}è zats^{y}**è**^{OU}o
Les rideaux sont coincés.	**Zasłony są zablokowane.**	zas^{OU}**o**né so^{n} zabloko**va**nè
L'ampoule est grillée.	**Żarówka się przepaliła.**	ja**rouf**ka s^{y}è pchèpa**li**^{OU}a
Mon lit n'a pas été fait.	**Moje łóżko nie jest posłane.**	**mo**yè ^{OU}**ouj**ko yèst pos^{OU}**a**gnè
Le/la ... est cassé(e).	**... jest zepsuta.**	... yèst zè**psou**ta
lampe	**lampa**	**lam**pa
prise	**wtyczka**	**ftétch**ka
store	**żaluzja**	ja**lou**zya
volet	**okiennica**	okyèn-**gni**tsa
Pouvez-vous le/la faire réparer?	**Czy może pan[i] to naprawić?**	tché **mo**jè pan [**pa**gni] to na**pra**vits^{y}

Blanchisserie—Teinturerie *Pralnia—Czyszczenie chemiczne*

Je voudrais faire ... ces vêtements.	**Chciał(a)bym te ubrania oddać do ...**	KHts^{y}**a**^{OU}bém (KHts^{y}**a**^{OU}abém) tè oub**ra**gna **od**-dats^{y} do
laver	**prania**	**pra**gna
nettoyer	**czyszczenia**	tchéch**tchè**gna
repasser	**prasowania**	praso**va**gna
Quand seront-ils prêts?	**Kiedy będą gotowe?**	**kyè**dé **bèn**do^{n} go**to**vè
Il me les faut pour ...	**Potrzebuję je ...**	pot-chè**bou**yè yè
aujourd'hui	**na dzisiaj**	na **dz**^{y}**i**s^{y}ay
ce soir	**na wieczór**	na **vyè**tschour
demain	**na jutro**	na **you**tro
avant vendredi	**przed piątkiem**	pchèt **pyont**kyèm
Pouvez-vous ... ceci?	**Czy może pan[i] ... to?**	tché **mo**jè pan [**pa**gni] ... to
raccommoder	**naprawić**	na**pra**vits^{y}
recoudre	**zszyć**	schéts^{y}
repriser	**zacerować**	zatsè**ro**vats^{y}
Pouvez-vous recoudre ce bouton?	**Czy może pan[i] przyszyć ten guzik?**	tché **mo**jè pan [**pa**gni] pch**é**chéts^{y} tèn **gou**z^{y}ik
Pouvez-vous enlever cette tache?	**Czy może pan[i] wywabić tę plamę?**	tché **mo**jè pan [**pa**gni] vé**va**bits^{y} tè **pla**mè
Mon linge est-il prêt?	**Czy moje pranie jest gotowe?**	tchè **mo**yè **pra**gnè yèst go**to**vè
Ce n'est pas à moi.	**To nie jest moje.**	to gnè yèst **mo**yè

POSTE ET TÉLÉPHONE, voir page 132/NOMBRES, page 147

Il manque quelque chose.	**Czegoś brakuje.**	**tchè**gos^{y} bra**kou**yè
Il y a un trou.	**Tutaj jest dziura.**	**tou**tay yèst **dz^{y}ou**ra

Coiffeur—Institut de beauté *Fryzer—Gabinet kosmetyczny*

Y a-t-il un coiffeur/ institut de beauté à l'hôtel?	**Czy jest tu w hotelu fryzjer/gabinet kosmetyczny?**	tchè yèst tou f KHo**te**lou **fré**zyèr/ga**bi**net kosmè**tétch**né
Puis-je prendre rendez-vous pour jeudi?	**Czy mogę się umówić na czwartek?**	tché **mo**gè s^{y}è ou**mou**vits^{y} na **tchfar**tèk
Je voudrais une coupe et un brushing.	**Proszę mnie ostrzyc i wysuszyć włosy.**	**pro**chè mgnè **o**st-chéts i vé**sou**chyts^{y} **v^{OU}o**sé
Je voudrais une coupe de cheveux, s.v.p.	**Proszę mnie ostrzyc.**	**pro**chè mgne **o**st-chéts
avec une frange	**z grzywką**	z **gjéf**ko^{n}
brushing	**suszenie**	sou**chè**gnè
couleur	**płukanka koloryzująca**	p^{OU}ou**kan**ka kolorézou**yon**tsa
décoloration	**rozjaśnienie**	rozyas^{y}**gnè**gnè
fixatif	**utrwalacz**	ou**trfa**latch
gel	**żel do włosów**	jèl do **v^{OU}o**souf
manucure	**manicure**	ma**gni**kir
masque de beauté	**maseczka**	ma**sètch**ka
permanente	**trwała**	**trfa**^{OU}a
shampooing et mise en plis	**mycie i ułożenie włosów**	**méts**^{y}è i ou^{OU}o**jè**gnè **vouo**souf
teinture	**farbowanie**	farbo**va**gnè
Je voudrais un shampooing pour cheveux...	**Poproszę szampon do... włosów.**	po**pro**chè **cham**pon do... **v^{OU}o**souf
normaux/secs/gras	**normalnych/ suchych/tłustych**	nor**mal**néKH/**sou**KHéKH/ **t^{OU}ous**tèKH
Ne les coupez pas trop courts.	**Proszę nie obcinać zbyt krótko.**	**pro**chè gnè ob**tsi**nats^{y} sbét **krou**tko
Coupez-en encore un peu plus sur...	**Proszę trochę więcej ściąć...**	**pro**chè **tro**KHè **vyèn**tsèy s^{y}ts^{y}onts^{y}
derrière	**z tyłu**	s **té**^{OU}ou
dessus	**na górze**	na **gou**jè
la nuque	**na karku**	na **kar**kou
les côtés	**po bokach**	po **bo**kaKH

JOURS DE LA SEMAINE, voir page 151

Je ne veux pas de laque.	**Proszę bez lakieru.**	**pro**chè bès la**kyè**rou
Pourriez-vous me raser.	**Proszę mnie ogolić.**	**pro**chè mgnè o**go**lits^{y}
Pouriez-vous m'égaliser…, s.v.p.?	**Proszę mi przystrzyc…**	**pro**chè mi **pché**stchéts
barbe	**brodę**	**bro**dè
moustache	**wąsy**	**wo**^{n}sé
favoris	**bokobrody**	boko**bro**dé

Départ *Wyjazd*

Puis-je avoir ma note, s.v.p.?	**Czy mogę prosić o rachunek?**	tchè **mo**gè **pros**^{y}its^{y} o ra**KHou**nèk
Je pars tôt demain matin.	**Wyjeżdżam wcześnie rano.**	wé**yèj**djam **ftchès**^{y}gnè **ra**no
Pourriez-vous me préparer la note, s.v.p.	**Proszę przygotować mój rachunek.**	**pro**chè pchégo**to**vats^{y} mouy ra**KHou**nèk
Nous partirons vers midi.	**Wyprowadzimy się około południa.**	véprova**dz**^{y}**i**mé s^{y}è **oko**^{OU}o po**ouou**dgna
Je dois partir tout de suite.	**Musze natychmiast wyjechać.**	**mou**chè na**téKH**myast vé**yè**KHats^{y}
Tout est compris?	**Czy wszystko jest wliczone?**	tché **fchést**ko yèst vli**tcho**nè
Puis-je payer par carte de crédit?	**Czy mogę zapłacić kartą kredytową?**	tché **mo**gè zap^{OU}**ats**^{y}its^{y} **kar**to^{n} krèdé**to**vo^{n}
Je crois que vous avez fait une erreur sur la note.	**Wydaje mi się, że w rachunku jest błąd.**	vé**da**yè mi s^{y}è jè v ra**KHoun**kou yèst b^{OU}ont
Pouvez-vous nous appeler un taxi?	**Czy może pan[i] przywołać dla nas taksówkę?**	tchè **mo**jè pan [**pa**gni] pchè**vo**^{OU}ats^{y} dla nas tak**souf**kè
Pourriez-vous faire descendre nos bagages?	**Czy może pan[i] posłać kogoś po nasz bagaż?**	tché **mo**jè pan [**pa**gni] **pos**^{OU}ats^{y} **ko**gos^{y} po nach **ba**gach
Voici ma future adresse.	**Będziemy pod tym adresem.**	bègn**dz**^{y}**è**mé pot tém a**drè**sèm
Vous avez mon adresse habituelle.	**Ma pan[i] mój adres domowy.**	ma pan [**pa**gni] mouy adrès do**mo**vé
Notre séjour a été très agréable.	**Bardzo miło spędziliśmy tutaj czas.**	**bar**dzo **mi**^{OU}o spègn**dz**^{y}ilis^{y}mé **tou**tay tchas

POURBOIRES, voir 3ème page de couverture

Camping *Camping*

Il y a de nombreux terrains de camping en Pologne car le camping est un loisir populaire. Les terrains de camping sont classés en trois catégories, de un à trois selon les équipements et les services fournis. Les terrains sont enclos et le camping est gardé 24 heures sur 24. Tous les terrains ont en principe des emplacements pour se garer et sont équipés pour que vous puissiez cuisiner, et, dans certains terrains de camping, on peut louer un bungalow.

On trouve également des terrains non gardés (*pola biwakowe*) qui sont des emplacements indiqués où le camping est permis.

Y a-t-il un camping près d'ici?	**Czy jest tu gdzieś w pobliżu camping?**	tché yèst tou gdz^{y}ès^{y} f po**bli**jou **kam**pink
Pouvons-nous camper ici?	**Czy możemy tu rozbić namiot?**	tché mo**jè**mé tou **roz**bits^{y} **na**myot
Avez-vous de la place pour une tente/une caravane?	**Czy jest miejsce na namiot/przyczepę?**	tché yèst **myèys**tsè na **na**myot/pché**tchè**pè
Quel est le tarif...?	**Ile wynosi opłata...?**	ilè vé**nos**^{y}i op^{OU}ata
par jour	**za dzień**	za dz^{y}ègn
par personne	**za osobę**	za o**so**bè
pour une voiture	**za samochód**	za sa**mo**KHout
pour une tente	**za namiot**	za **na**myot
pour une caravane	**za przyczepę**	za pché**tchè**pè
Y a-t-il...?	**Czy jest...?**	tché yèst
aire de jeux	**plac zabaw**	plats **za**baf
eau potable	**woda do picia**	**vo**da do **pits**^{y}a
électricité	**prąd**	pront
magasins	**sklepy**	**sklè**pé
piscine	**basen**	**ba**sèn
restaurant	**restauracja**	rèstaou**rats**ya
Où sont les douches/toilettes?	**Gdzie są prysznice/toalety?**	gdz^{y}è so^{n} pré**chgni**tsè/toua**lè**té
Où puis-je trouver du gaz butane?	**Gdzie mogę dostać gaz do butli?**	gdz^{y}è **mo**gè **do**stats^{y} gas do **bout**li
Y a-t-il une auberge de jeunesse près d'ici?	**Czy jest tu gdzieś w pobliżu schronisko młodzieżowe?**	tché yèst tou gdz^{y}ès^{y} f po**bli**jou sKHro**gnis**ko m^{OU}odz^{y}è**jo**vè

ÉQUIPEMENT DE CAMPING, voir page 109

Restaurants

Lorsqu'il vous faudra décider où vous voulez manger, vous pourrez choisir parmi les lieux suivants:

Bar
(bar)
Cafétéria libre-service où l'on sert des repas normaux chauds et froids, des sandwichs, des desserts et des boissons non-alcoolisées. Généralement, on commande son repas au comptoir, plutôt que de se servir. Les prix sont peu élevés, votre repas est servi rapidement, mais la qualité de la nourriture peut être variable.

Bar bistro
(bar **bis**tro)
C'est un genre de petite cafétéria ou restaurant populaire qui propose des repas chauds et des plats légers. Parfait si vous êtes pressé.

Bar kawowy
(bar ka**ro**vé)
Café libre-service où l'on vend des gâteaux délicieux, des desserts, des glaces, des boissons chaudes et des boissons non-alcoolisées. On peut manger à une table ou emporter sa nourriture.

Bar mleczny
(bar **mlètch**né)
Bar où l'on sert de la nourriture sans viande, bien que n'étant pas strictement végétarienne. Il convient très bien pour un petit déjeuner ou un déjeuner rapide.

Bufet
(**bou**fèt)
Snack-bar qu'on trouve en général dans les gares et les gares routières, où l'on vend des sandwiches, des plats chauds et des boissons non-alcoolisées. Certains sont ouverts 24 heures sur 24. Les prix sont modiques.

Drink bar
(**drink** bar)
Bar où l'on sert des boissons alcoolisées, y compris des spiritueux. On les trouve surtout dans les grands hôtels et ils sont généralement fréquentés par les touristes.

Koktajl bar
(**kok**tayl bar)
Attention! Le mot *koktajl* est le plus souvent utilisé pour désigner un milk-shake. Dans ce genre de bar, attendez-vous à trouver toutes sortes de boissons à base de lait, des desserts, glaces, gâteaux, boissons sans alcool, boissons chaudes, mais on n'y sert pas de repas.

Kawiarnia
(ka**vyar**gna)

C'est un café fréquenté habituellement par des gens qui veulent passer un moment à bavarder entre amis. On peut généralement prendre le petit déjeuner, bien que certains cafés n'ouvrent qu'à partir de midi. On y sert des gâteaux, desserts, glaces, du thé, café, des boissons non-alcoolisées, du vin, de la bière et du cognac.

Klub nocny
(kloup **not**sné)

Night-club, habituellement dans un hôtel et dans les grandes villes. On y sert des boissons alcoolisées, et il y a souvent des distractions comme par exemple un spectacle de variétés.

Piwiarnia
(pi**vyar**gna)

Bar à bière, généralement très fréquenté, qui sert de la bière polonaise et des apéritifs. De nouveaux bars à bière vendant de la bière étrangère et portant l'enseigne de la bière vendue ont aussi fait leur apparition.

Pizzeria
(pit**sè**rya)

Bar à pizzas où l'on vend des pizzas et des boissons, à consommer sur place ou à emporter.

Restauracja
(restaou**rat**sya)

Restaurant qui sert une grande variété de plats et de boissons. Les restaurants sont classés d'après la qualité du service et de la cuisine, aussi les prix varient ainsi que le service et les facilités offertes. La plupart servent des plats typiquement polonais, mais pour avoir un choix complet de plats chauds, il faut y aller entre 13h et 15h. Les restaurants restent ouverts jusqu'à 21h ou 22h et dans certains, on peut écouter de la musique et danser après 22h (il faut alors s'attendre à payer un supplément).

Winiarnia
(vi**gnar**gna)

Bar à vin, surtout dans les grandes villes, qui sert différents types de vin, y compris du vin chaud.

Zajazd
(zayazd)

Auberge de campagne, construite près des routes principales. Plus courantes dans la partie occidentale de la Pologne, elles offrent nourriture et boisson de qualité. Les plats sont en général de la cuisine polonaise traditionnelle. La majorité possèdent quelques chambres.

En Pologne, dans les grandes rues commer-çantes des villes et des grandes agglomérations, on trouve aussi de petits établissements qui vendent des plats à emporter, mini pizzas, sandwiches grillés (*zapiekanki*—zapyè**ka**nké), saucisses chaudes avec du pain et hot-dogs.

En entrant dans un café ou un restaurant, vous verrez un vestiaire où l'on s'attend à ce que vous laissiez votre manteau. Un panneau indique le prix, habituellement peu élevé. L'utilisation des toilettes est aussi payante; l'employé du vestiaire sera là pour vous faire payer.

Heures des repas *Czas posiłkow*

Le petit déjeuner (*śniadanie*—sgna**da**gnè) est généralement servi de 7 à 10 heures.

Le déjeuner (*obiad*—**o**byad) est servi entre 15h et 17h.

Le dîner (*kolacja*—ko**la**tsya) est servi entre 19h et 20h.

La plupart des gens prennent leur repas principal en rentrant du travail, habituellement entre 15 et 17 heures. Au travail, il n'y a pas de pause-déjeuner; les Polonais font, à la place, une pause vers 10 ou 11 heures pour prendre un casse-croûte en milieu de matinée, ou «second petit déjeuner» (*drugie śniadanie*—**drou**gyè sgna**da**gnè) à base de sandwiches (*kanapki*—ka**napk**é).

Le soir, généralement les gens se contentent de quelque chose de froid pour le souper. Les restaurants servent cependant des plats chauds jusqu'à une heure avancée. Lorsque vous êtes invité chez quelqu'un, on peut vous servir soit un buffet froid, soit un repas chaud.

Il est de coutume pour les Polonais de dire merci (*dziękuję*—dz^yèng**kou**yè) en quittant la table comme marque d'appréciation de la compagnie pendant le repas. On peut aussi entendre le mot «smacznego» (sma**tchny**ègo) prononcé par le serveur quand il sert la nourriture, façon polonaise de vous souhaiter bon appétit!

La cuisine polonaise *Kuchnia polska*

De nombreux plats traditionnels polonais ont été influencés à la fois par la cuisine russe et la cuisine juive. Le climat de la Pologne, plus froid que celui des pays slaves du sud, de même que ses hivers particulièrement rudes, ont favorisé une nourriture à base de pommes de terre, de carottes, de navets, de choux, de fruits en conserve et de champignons séchés. Les plats de résistance typiquement polonais sont copieux et relevés, avec beaucoup de pommes de terre et de viande.

Chaque région produit ses spécialités, mais des plats tels que les soupes épaisses et les ragoûts, d'excellentes saucisses, des produits carnés et laitiers, des boulettes et des poissons avec des sauces aigres-douces sont très courants dans toute la Pologne. On sert les champignons (*grzyby*—**gj**ébé) sous des formes très variées, frits, cuits à l'étouffée, au vinaigre, ou marinés. La bière locale ou la vodka, plutôt que du vin, accompagnent en général les plats traditionnels.

Czego sobie pan[i] życzy?	Que désirez-vous?
Polecam …	Je vous recommande …
Czego by się pan[i] napił[a]?	Que désirez-vous boire?
Nie mamy…	Nous n'avons pas de…
Czy ma pan[i] ochotę na…?	Désirez-vous…?

Avez-vous faim? *Czy jest pan głodny?*

J'ai faim/J'ai soif.	**Jestem głodny głodna./Chce mi się pić.**	yèstèm g^{OU}odné (g^{OU}odna)/ KHtsè mi s^{y}è pits^{y}
Pouvez-vous me recommander un bon restaurant?	**Czy może mi pan[i] polecić jakąś dobrą restaurację?**	tché mojè mi pan [pagni] polèts^{y}its^{y} yako^{n}s^{y} dobro^{n} rèstaouratsyè
Y a-t-il de bons restaurants à prix modérés dans les environs?	**Czy są tu w pobliżu jakieś niedrogie restauracje?**	tchè so^{n} tou f poblijou yakyès^{y} gnèdrogyè rèstaouratsyè

Si vous avez l'intention de manger dans un restaurant renommé, mieux vaut réserver une table à l'avance.

Je voudrais réserver une table pour 4.	**Chciał(a)bym zarezerwować stolik na cztery osoby.**	KHts^{y}ia^{OU}bém (KHts^{y}a^{OU}abém) zarezervovats^{y} stolik na tchtèré osobé
Nous viendrons à huit heures.	**Przyjdziemy o ósmej.**	pchèydz^{y}èmé o ousmèy
Pourrions-nous avoir une table...?	**Czy możemy prosić o stolik...?**	tché mojèmé pros^{y}its^{y} o stolik
dans le coin	**w rogu**	v rogou
près de la fenêtre	**przy oknie**	pchè okgnè
dehors	**na zewnątrz**	na zevnontch
sur la terrasse	**na tarasie**	na taras^{y}è
dans le coin non-fumeur	**w częći dla niepalących**	f tchè^{n}s^{y}ts^{i} dla gnèpalontséKH

Questions et commandes *Pytania i zamawianie*

Garçon/ Mademoiselle!	**Proszę pana/pani!**	prochè pana/pagni
Je voudrais quelque chose à manger/à boire.	**Poproszę coś do jedzenia/picia.**	po**pro**chè tsos^{y} do yè**dzè**gna/**pits**^{y}a
Puis-je avoir la carte s'il vous plaît?	**Poproszę menu/ jadłospis.**	po**pro**chè **mè**gni/ yad^{OU}ospis
Avez-vous un menu à prix fixe/des spécialités régionales?	**Czy mają państwo zestaw firmowy/ dania kuchni polskiej?**	tchè **ma**yo^{n} **pagn**stfo **zè**staf fir**mo**vè/**da**gna **kou**KHgni **pol**skyèy
Que conseillez-vous?	**Co by nam pan[i] polecił[a]?**	tso bé nam pan po**lèts**^{y}i^{OU} [**pa**gni po**lèts**^{y}i^{OU}a]
Avez-vous quelque chose qui soit prêt rapidement?	**Czy mają państwo coś szybkiego do zjedzenia?**	tchè **ma**yo^{n} **pagn**stfo tsos^{y} chép**kyè**go do zyè**dzè**gna
Je suis pressé(e).	**Śpieszę się.**	**spiè**chè s^{y}è
Je voudrais …	**Poproszę …**	po**pro**chè
Pourriez-vous nous apporter un/une …, s'il vous plaît?	**Poproszę …**	po**pro**chè
assiette	**talerz**	**ta**lèch
cendrier	**popielniczkę**	popièl**gnit**chkè
couteau	**nóż**	nouch
cuillère	**łyżkę**	^{OU}échkè
fourchette	**widelec**	vi**dè**lèts
serviette	**serwetkę**	sèr**vè**tkè
tasse	**filiżankę**	fili**jan**kè
verre	**szklankę**	**chklan**kè
Puis-je avoir …?	**Czy mogę prosić o …?**	tchè **mo**gè **pros**^{y}its^{y} o
assaisonnement	**przyprawy**	pché**pra**wé
beurre	**masło**	**mas**^{OU}o
citron	**cytrynę**	tsé**tré**nè
huile	**oliwę**	o**li**vè
pain	**chleb**	KHlèp
poivre	**pieprz**	pyèpch
sel	**sól**	soul
sucre	**cukier**	**tsou**kyèr
vinaigre	**ocet**	**o**tsèt

Régime spécial *Dieta*

Je suis au régime.	**Jestem na diecie.**	yèstèm na **dyèts**^{y}è
Je suis végétarien(ne).	**Jestem wegetarianinem.**	yèstèm vègètarya**gni**nèm
Je ne bois pas d'alcool.	**Nie piję alkoholu.**	gnè **pi**yè alko**ho**lou
Je ne mange pas de viande.	**Nie jem mięsa.**	gnè yèm **mye**^{n}sa
Je ne dois pas manger de plats contenant…	**Nie mogę jeść potraw zawierających…**	gnè **mo**gè yes^{y}ts^{y} **po**trav zavyèra**yon**tséKH
farine/graisse sel/sucre	**mąkę/tłuszcz** **sól/cukier**	**mon**kè/t^{OU}ouchtch soul/**tsou**kyèr
Avez-vous… pour diabétiques?	**Czy mają państwo … dla chorych na cukrzycę?**	tché **ma**yo^{n} **pagn**stfo… dla **KHo**réKH na tsouk**ché**tsè
gâteaux jus de fruits menu spécial	**ciastka** **sok owocowy** **specjalne meni**	**ts**^{y}**as**tka sok ovot**so**vé spe**tsyal**nè **mè**gni
Avez-vous des plats végétariens?	**Czy są dania wegetariańskie (bezmięsne)?**	tché so^{n} **da**gna vègètar**yagn**skyè (bèsm^{y}**è**snè)
Puis-je avoir… à la place du dessert?	**Poproszę o… zamiast deseru.**	po**pro**chè o… **za**myast dè**sè**rou
Puis-je avoir de l'édulcorant?	**Poproszę o słodzik zamiast cukru.**	po**pro**chè o **s**^{OU}**o**dz^{y}ik **za**myast **tsou**krou

Et…

Je voudrais un peu plus de…	**Poproszę jeszcze trochę.**	po**pro**chè **yech**tchè **tro**KHè
Puis-je avoir un peu plus de…, s.v.p.?	**Poproszę więcej…?**	po**pro**chè **vyèn**tsèy
Rien qu'une petite portion.	**Tylko małą porcję.**	**tél**ko **ma**^{OU}o^{n} **por**tsyè
Ça suffit, merci.	**Tyle wystarczy, dziękuję.**	**té**lè vé**star**tché dz^{y}ènkouyè
Où sont les toilettes?	**Gdzie są toalety?**	gdz^{y}è so^{n} toa**lè**té

Qu'y a-t-il au menu? *Co jest w menu?*

Vous trouverez dans la rubrique ci-dessous des listes alphabétiques de plats que vous pourrez trouver sur un menu polonais avec leur équivalent en français. Il vous suffit de montrer ce livre au serveur. Si vous voulez des fruits par exemple, laissez lui le soin de vous montrer du doigt ce qui est au menu parmi votre liste. Reportez-vous aux pages 36, 37 et 38 pour commander en général.

zestaw firmowy	menu fixe
specjalność kuchni	plat du jour
płatna ...	prix
zł	złoty

Pour lire la carte *Czytanie menu*

desery	dèsèré	desserts
drób	droup	volaille
dziczyzna	dz^{y}ichézna	gibier
jarzyny	yajéné	légumes
kotlety mielone	kotlèté myèlonè	hamburgers
kurczak	kourtchak	poulet
lody	lodé	glace
makaron	makaron	pâtes
napoje	napoyè	boissons
owoce	ovotsè	fruits
piwo	pivo	bière
potrawy z jaj	potravé z yay	plats aux œufs
przekąski	pchèko^{n}ski	repas légers
przystawki	pchéstafki	entrées
ryby	rébé	poisson
sałatki	sa^{ou}atki	salades
wina	vina	vin
zakąski	zako^{n}ski	entrées
zupy	zoupé	potages

Petit déjeuner *Śniadanie*

Le petit déjeuner polonais est généralement copieux et consiste habituellement en pain ou petits pains avec du beurre et de la confiture ou du fromage, de la saucisse, du jambon ou des œufs. On boit habituellement du thé, du café, du lait chaud ou du cacao, le jus de fruit n'est pas typiquement polonais.

Je voudrais prendre le petit déjeuner, s.v.p.	**Chciał(a)bym zjeść śniadanie.**	**KHts^{y}a^{OU}**bém (**KHts^{y}a^{OU}**abém) zyès^{y}ts^{y} sgna**da**gne
Je prendrai…	**Poproszę…**	po**pro**chè
céréales	**płatki śniadaniowe**	**p^{OU}**atki s^{y}gnada**gno**vè
confiture	**dżem**	djèm
jambon et œufs	**szynka z jajkiem**	**chén**ka z **yay**kyèm
jus de fruits	**sok owocowy**	sok ov**otso**vé
pamplemousse	**grejpfrutowy**	grèypfrou**to**vé
orange	**pomarańczowy**	pomaragn**tcho**vé
marmelade	**dżem pomarańczowy**	djèm pomaragn**tcho**vé
œufs	**jajka**	**yay**ka
sur le plat	**sadzone**	sa**dzo**nè
brouillés	**jajecznica**	yayetch**gni**tsa
pochés	**w koszulkach**	f ko**choul**kaKH
œufs au bacon	**jajko na boczku**	**yay**ko na **bo**tchkou
toast	**grzanka**	**gjan**ka
Puis-je avoir…?	**Poproszę…**	po**pro**chè
beurre	**masło**	**mas^{OU}**o
café	**kawę**	**ka**vè
décaféiné	**bez kofeiny**	bès kofè**i**né
noir/au lait	**czarną/z mlekiem**	**tchar**no^{n}/z **mlè**kyèm
chocolat chaud	**gorącą czekoladę**	go**ron**tso^{n} tchèko**la**dè
eau chaude	**gorącą wodę**	go**ron**tso^{n} **vo**dè
lait	**mleko**	**mlè**ko
froid/chaud	**zimne/gorące**	**zym**nè/go**ron**tsè
potage au lait	**zupę mleczną**	**zou**pè **mlètch**no^{n}
miel	**miód**	myout
pain	**chleb**	KHlèp
petits pains	**bułki**	**bou^{OU}**ki
poivre	**pieprz**	pyèpch
saucisses	**kiełbaski**	kyè^{OU}**bas**ki
sel	**sól**	soul
thé	**herbata**	KHèr**ba**ta
au lait	**z mlekiem**	z **mlè**kyèm
au citron	**z cytryną**	z tsé**tré**no^{n}

Hors d'œuvres—entrées *Przystawki*

Les restaurants offrent un choix d'entrées chaudes ou froides. La plupart sont à base de viande, poisson ou œufs; les plats végétariens sont surtout des salades. Une entrée parmi les plus délicieuses est le steak tartare, qui se compose de viande crue hachée, d'œuf cru, d'oignons émincés, d'aneth, de concombre et d'assaisonnement. Mieux vaut le commander uniquement dans les restaurants de première classe. L'anguille fumée est aussi considérée comme un plat spécial.

Je voudrais une entrée.	**Poproszę o przystawkę.**	po**pro**chè o pché**sta**fkè
Que nous conseillez-vous?	**Co pan[i] poleca?**	tso pan [**pa**gni] po**lè**tsa

befsztyk tatarski/ tatar	**bè**fchték ta**tar**ski/**ta**tar	steak tartare
bigos	**bi**gos	différentes sortes de choux à l'aigre-douce avec une grande variété de viandes
forszmak	**for**chmak	veau à la sauce tomate
jaja faszerowane pieczarkami	**ya**ya facherova**nè** pyètchar**ka**mi	œufs farcis avec des champignons
kiełbasa z wody	kyè^{OU}**ba**sa z **vo**dy	saucisse sautée
kiełbasa smażona z cebulą	kiè^{OU}**ba**sa sma**jo**na z tsè**bou**lo^{n}	saucisse frite avec des oignons
korki śledziowe w majonezie	**kor**ki s^{y}lè**dz^{y}o**vè v mayo**nè**z^{y}è	hareng mariné avec de la mayonnaise
naleśniki z grzybami	nalès^{y}**gni**ki z gjé**ba**mi	crêpes aux champignons
pasztet w auszpiku	**pach**tèt v aou**chpi**kou	aspic de pâté
pieczarki w śmietanie	pyè**tchar**ki f s^{y}myè**ta**gnè	champignons à la crème
ryba w galarecie	**ré**ba w gala**rè**ts^{y}è	aspic de poisson
sandacz po polsku z jajkami	**san**datch po **pos**kou z yay**ka**mi	perche à la polonaise avec des œufs
śledź w oleju	s^{y}lèdz^{y} w o**lè**you	hareng à l'huile
śledź w śmietanie	s^{y}lèdz^{y} w s^{y}myè**ta**gnè	hareng à la crème aigre
węgorz wędzony	**vèn**goch vèn**dzo**né	anguille fumée

Œufs et omelettes *Jajka i omlety*

Je voudrais une omelette.	**Poproszę omlet.**	popro**chè** om**lèt**
jajecznicę z parmezanem	yayètch**gnitsè** s parmè**za**nèm	œufs brouillés au fromage
jajka sadzone na pomidorach	**yay**ka sa**dzo**nè na pomi**do**raKH	œufs sur le plat avec des tomates
jajka na szynce	**yay**ka na **chén**tsè	œufs au jambon
omlet z dżemem	**om**lèt z **djè**mèm	omelette sucrée (avec de la confiture)
omlet z groszkiem	**om**lèt z **groch**kyèm	omelette aux petits pois
omlet z grzybami	**om**lèt z gjé**ba**mi	omelette aux champignons
omlet z szynką	**om**lèt s **chén**ko^n	omelette au jambon

Potages et râgouts *Zupy*

En général, les Polonais aiment beaucoup les soupes bien consistantes, habituellement bien assaisonnées et souvent servies avec de la crème aigre. Quelques unes des plus courantes sont le consommé de betteraves (*barszcz*) et de seigle aigre, et la soupe à la crème (*żurek*), qui est très bonne, généralement servie avec des pommes de terre et un morceau de saucisse. Le *chłodnik* est une soupe rafraîchissante faite avec de la crème et des betteraves et d'autres légumes.

barszcz czerwony	barchtch tchèr**vo**né	soupe de betteraves
barszcz czysty	barchtch **tché**sté	consommé de betteraves
barszcz zabielany	barchtch zabyè**la**né	soupe de betteraves à la crème aigre
barszcz ukraiński	barchtch oukra**ign**ski	soupe de betteraves avec différents légumes
bulion z pasztecikiem	**bou**lyon s pachtè**tsi**kyèm	consommé avec des pâtes
bulion z żółtkiem	**bou**lyon s **jou^{ou}t**kyèm	consommé à l'œuf
chłodnik	**KH^{ou}od**gnik	soupe à la crème froide
flaki	**fla**ki	soupe aux tripes
grochówka	groKHoufka	soupe aux pois épaisse, souvent servie avec des pommes de terre et de la saucisse

grzybowa	gjébova	soupe aux champignons
jarzynowa	yajénova	soupe de légumes
kapuśniak	kapous^{y}gnak	soupe à la choucroute
krupnik	kroupgnik	soupe au gruau et aux légumes
owocowa	ovotsova	soupe aux fruits
ogórkowa	ogourkova	soupe au concombre macéré au vinaigre
pomidorowa	pomidorova	soupe à la tomate, habituellement servie avec des nouilles
rosół	rosou^{OU}	bouillon servi généralement avec des nouilles
rybna	rébna	soupe de poisson
szczawiowa	chtchavyova	soupe à l'oseille, servie avec des œufs durs
ziemniaczana	z^{y}èmgnatchana	soupe de pommes de terre
zupa grzybowa z łazankami	zuopa gjébova s ^{OU}azankami	soupe aux champignons avec des nouilles
żurek	jourèk	soupe au seigle aigre et à la crème

Poissons *Dania rybne*

Les plats de poisson sont un des éléments essentiels de la cuisine polonaise, avec perche, morue, carpe et hareng comme poissons favoris. Des plats tels que la carpe frite ou la carpe à la juive, farcie de pain au lait sucré et de raisins secs servis dans un vin de dessert, figurent au menu des repas de Noël traditionnels.

De nombreux Polonais pratiquants s'abstiennent de manger de la viande le vendredi, aussi on sert généralement le poisson sous une forme ou une autre ce jour-là. Les fruits de mer (*frutti di mare* ou *owoce morza* en Polonais) ne font pas vraiment partie de la cuisine traditionnelle et on ne les trouve que dans les menus des restaurants spécialisés dans la nourriture étrangère, par exemple chinoise ou italienne.

Je voudrais du poisson.	**Poproszę o coś z ryb.**	poprochè o tsos^{y} z rép
dorsz	dorch	morue, cabillaud
flądra	flondra	carrelet, plie
halibut	KHalibout	flétan
kałamarnica	ka^{OU}amargnitsa	calmar
karp	karp	carpe
leszcz	lechtch	brème
lin	lin	tanche
łosoś	^{OU}osos^{y}	saumon
okoń	okogn	perche
makrela	makrèla	maquereau
pstrąg	pstronk	truite
sandacz	sandatch	sandre
sardynki	sardynki	sardines
szczupak	chtchoupak	brochet
śledź	s^{y}lèdz^{y}	hareng
tuńczyk	tougntchék	thon
węgorz	vèngoch	anguille

karp gotowany w jarzynach	karp gotované v yajénaKH	carpe cuite à la vapeur avec des légumes
pstrągi panierowane	pstrongi pagnèrovanè	truite panée
pstrąg płonący z rusztu	pstro^{n}k p^{OU}onontsé z rouchtou	truite grillée flambée
ryba w białym sosie	réba v bya^{OU}ém sos^{y}è	poisson à la sauce blanche
ryba zapiekana z migdałami	réba zapyèkana s migda^{OU}ami	poisson cuit au four avec des amandes

à la vapeur	**duszone**	douchonè
au four	**zapiekane**	zapyèkanè
frit	**smażone**	smajonè
fumé	**wędzone**	vèndzonè
grillé	**z rusztu**	z rouchtou
mariné	**marynowane**	marénovanè
poché	**z wody**	z vodé
sauté	**z wody**	z vodé

Viande *Dania mięsne*

La viande a toujours été un ingrédient essentiel de la cuisine polonaise traditionnelle. Vous remarquerez que la viande est non seulement très bonne, mais qu'on la sert souvent en portions généreuses.

Qu'avez-vous comme viande?	**Poproszę…**	po**pro**chè
agneau	**baraninę**	bara**gni**nè
bœuf	**wołowinę**	vo^{OU}o**vi**nè
porc	**wieprzowinę**	vyèpcho**vi**nè
veau	**cielęcinę**	ts^{e}lèn**tsi**nè

baranina	bara**gni**na	mouton
befsztyk	**bèf**chték	bifteck
boczek	**bo**tchèk	lard
brizol	**bri**zol	bifteck grillé
cynaderki	tséna**dèr**ki	rognons
filet	**fi**lèt	filet
flaczki	**fla**tchki	andouilles
głowizna	g^{OU}o**viz**na	tête de cochon
golonka	go**lon**ka	jarret
gulasz	**gou**lach	goulache
kaszanka	ka**chan**ka	boudin noir
kiełbasa	kyè^{OU}**ba**sa	saucisse
klopsy	**klop**sé	boulettes de viande
kotlet	**kot**lèt	côtelettes
królik	**krou**lik	lapin
nerkówka cielęca	nèr**kouf**ka ts^{y}è**lèn**tsa	ris de veau
nóżki	**nouch**ki	pieds de cochon
ozór	**o**zour	langue
pieczeń barania	**pyè**tchegn ba**ra**gna	rôti de mouton
pieczeń wieprzowa	**pyè**tchègn vyè**pcho**va	rôti de porc
pieczeń wołowa	**pyè**tchègn vo^{OU}**o**va	rôti de bœuf
pieczony schab	pyè**tcho**né skhap	filet de porc rôti
pierogi z mięsem	pyè**ro**gi z **myèn**sèm	boulettes de viande
polędwica	polèn**dvi**tsa	faux-filet
prosię	**pro**s^{y}è	cochon de lait
rolada	ro**la**da	bifteck farci
rumsztyk	**roum**chték	romsteck
stek	stèk	steak
strogonoff	stro**go**nof	bœuf strogonoff
szaszłyk	**chach**^{OU}ék	brochettes
sznycel	**chné**tsèl	escalope
sznycel cielęcy	**chné**tsèl ts^{y}è**lèn**tsé	escalope panée
sztuka mięsa	**chtou**ka **myèn**sa	bœuf bouilli

szynka (wędzona)	chénka (vèndzona)	jambon (fumé)
udziec barani	oudz^{y}èts baragni	gigot d'agneau
udziec wieprzowy	oudz^{y}èts vyèpchové	rôti de jambon
wątróbka smażona z jabłkami	vontroupka smajona z yab^{OU}kami	foie frit aux pommes
żeberka	jèbèrka	côtes
zrazy	zrazé	bifteck attendri

à l'étouffée	**duszone**	douchonè
bouilli	**gotowane**	gotovanè
braisé	**duszone**	douchonè
cuit au four	**zapiekane**	zapyèkanè
frit	**smażone**	smajonè
grillé	**z rusztu**	z rouchtou
mijoté	**duszone**	douchonè
rôti	**pieczone**	pyètchonè
sauté	**z wody**	z vodé
bleu	**bardzo mało wysmażone**	bardzo ma^{OU}o vésmajonè
saignant	**mało wysmażone**	ma^{OU}o vèsmajonè
à point	**średnio wysmażone**	s^{y}rèdgno vésmajonè
bien cuit	**mocno wysmażone**	motsno vésmajonè

Spécialités *Specjalność*

bigos (bigos)	choucroute avec des viandes variées, plat polonais traditionnel
golonka z chrzanem (golonka s KHchanèm)	jambon bouilli, généralement servi avec du raifort (ou de la purée de pois) et des pommes de terre
gołombki (go^{OU}ompki)	chou farci à la viande et au riz
kaszanka (kachanka)	saucisse noire, semblable à du boudin
kotlet schabowy z kapustą (kotlèt sKHabové s kapousto^{n})	côtelette de porc panée, traditionnellement servie avec du chou
polędwica po poznańsku (polèndvitsa po poznagnskou)	faux-filet à la Poznań dans une sauce au Madère avec des pêches et des asperges

polędwica czarnolas (polèn**dvi**tsa char**no**las)	faux-filet forêt noire avec une farce de baies de genièvre, des épices et des champignons
schab po polsku ze śliwkami (sKHap po **pol**skou zè s^{Y}**lif**kami)	rôti de porc à la polonaise avec des pruneaux
schab po warszawsku (sKHap po var**chaf**skou)	rôti de porc à la varsovienne assaisonné avec du raifort râpé, du beurre et du jus de citron
zrazy polskie (zrazé **pol**skyè)	tranches de bœuf à la polonaise, farcies avec de l'oignon et des champignons dans une sauce au vin rouge

Gibier et volaille *Dziczyzna i drób*

La Pologne a toujours été riche en forêts, ce qui explique la fréquence du gibier au menu des tables polonaises élégantes. Des plats, tels que le canard ou l'oie rôtis, servis avec des pommes et des prunes, sont considérés comme recherchés.

bażant	**ba**jant	faisan
bekas	**bè**kas	bécasse
cyranka	tsé**ran**ka	sarcelle
dziczyzna	dz^{Y}**itché**zna	venaison
dzik	dz^{Y}ik	sanglier
gęś	gè^{n}s^{Y}	oie
gołąb	**go**^{OU}omp	pigeon
indyk	**in**dék	dinde
kaczka	**kat**chka	canard
kurczak	**kour**tchak	chapon
kurczę	**kour**tchè	poulet
kurczę z rożna	**kour**tchè z **ro**jna	poulet à la broche
pierś/udko/skrzydło	pyèrs^{Y}/**out**ko/**skchéd**^{OU}o	blanc/cuisse/aile
kuropatwa	kouro**pat**fa	perdrix
perliczka	pèr**lit**chka	pintade
przepiórka	pchè**pyour**ka	caille
zając	**za**yonts	lièvre
potrawka z zająca	po**traf**ka z za**yon**	civet de lièvre

Spécialités *Specjalność*

bażant pieczony	**ba**jant pyè**tcho**né	faisan grillé
biała dama	**bya**^{OU}**a dama**	blanc de poulet au jus
gęś pieczona	gè^{n}s^{Y} pyè**tcho**na	oie rôtie
indyk nadziewany	**in**dék nadz^{Y}è**va**né	dinde farcie

kaczka z jabłkami	katchka z yab^{ou}kami	canard rôti farci aux pommes
kotlet de Volaille	kotlèt dè volay	poulet pané sauté, farci au beurre
kura w rosole	kura f rosolè	cuisse de poulet avec du bouillon
potrawka z kury	potrafka s kouré	poulet cuit à l'étuvée dans une sauce blanche épaisse
pieczeń z dzika	pyètchègn z dz^{y}ika	sanglier rôti
rizotto z drobiu	rizotto z drobyou	poulet et riz en cocotte
zając w śmietanie	zayonts f s^{y}myètagnè	lièvre rôti à la crème
zrazy z zająca	zrazé z zayo^{n}tsa	lièvre en tranches

kaczka po poznańsku (kattchka po poznagnskou) canard à la Poznań, cuit dans du vin rouge avec une sauce aux champignons

Pommes de terre et boulettes *Ziemniaki i kluski*

Les pommes de terre sont bien plus courantes en Pologne que le riz et les pâtes, et forment un accompagnement essentiel de la plupart des plats de viande. On les sert habituellement cuites à l'eau ou en purée. Les frites sont aussi un plat populaire. Un certain nombre de plats sont à base de pâte faite avec des pommes de terre, différents types de farine et habituellement des œufs, par exemple *placki ziemniaczane*, sorte de crêpe aux pommes de terre, très courante, ou le *pierogi*, sorte de boulette farcie.

Dans la cuisine polonaise traditionnelle, différentes sortes de gruau étaient autrefois plus courantes que les pommes de terre. On les servait sous forme de soupe, ou cuites en granulés, pour accompagner des viandes frites et des sauces, ou servies avec des fruits et des raisins secs. Elles sont moins courantes maintenant, mais on peut encore en trouver sur certaines tables polonaises au dîner.

frytki	frétki	frites
kartofle	kartoflè	pommes de terre
kasza	kacha	gruau
kasza gryczana	kacha grétchana	sarrazin (blé noir)
kasza gryczana z grzybami	kacha grétchana s gjébami	sarrazin bouilli avec des champignons

kasza gryczana z kwaśnym mlekiem	kacha grè**tcha**na s kfas^{y}**ném mlè**kyèm	sarrazin bouilli avec du lait aigre ou du babeurre
kasza jęczmienna	kacha yèntch**myè**nna	orge perlé
kasza jęczmienna zapiekana z suszonymi grzybami	kacha yèntch**myè**nna zapyè**ka**na s soucho**né**mi **gjé**bami	orge perlé cuit avec des champignons secs
kasza krakowska	kacha kra**kof**ska	gruau de Cracovie
kasza krakowska wypiekana z jajkiem	kacha kra**kof**ska vépye**ka**na z **yay**kyèm	gruau de Cracovie cuit au four avec des œufs
kasza kukurydziana	kacha koukouré**dz^{y}a**na	gruau de blé
kaszka manna	kacha **man**na	semoule
kasza pszenna	kacha **pchè**nna	millet
kluski	**klou**ski	boulettes
kopytka	ko**pét**ka	boulettes de pommes de terre
kulebiak	kou**lè**byak	boulettes farcies cuites au four
naleśniki	nales^{y}**gni**ki	crêpes
z dżemem	z **djè**mèm	à la confiture
z serem	s **sè**rèm	au fromage blanc
pęcak	**pèn**tsak	orge mondé
pielmieni	pyèl**miè**gni	sorte de boulette de viande
pierogi z jagodami	pyè**ro**gi z yago**da**mi	boulettes avec des myrtilles
pierogi z wiśniami	pyè**ro**gi z vis^{y}**gna**mi	boulettes avec des cerises
placki ziemniaczane	**plat**ski z^{y}èmgna**tcha**nè	crêpe aux pommes de terre
pyzy	**pé**zé	sorte de boulette
ziemniaki	z^{y}èm**gna**ki	pommes de terre

kluski leniwe (**klou**ski lè**gni**vè) boulettes à base de pommes de terre, farine, œufs et une sorte de fromage blanc; servies soit avec du sucre, soit avec des légumes

kluski kładzione (**klou**ski k^{OU}a**dz^{y}o**nè) boulettes bouillies, servies habituellement avec une sauce épaisse à la viande ou aux légumes

knedle (**knè**dlè) boulettes de pâte faites avec des pommes de terre, de la farine et des œufs, fourrée aux fruits

kopytka (ko**pé**tka) boulettes en forme de losange, utilisée comme base pour de nombreuses farces par exemple avec des champignons, du chou, du fromage ou des fruits, ou encore pour des sauces, telles que la sauce tomate

łazanki z kapustą (^{OU}azanki s kapousto^{n}) petites nouilles plates avec chou, champignons et oignons

naleśniki (na**lès**^{y}**gni**ki) crêpes épaisses servies avec des champignons, du fromage blanc ou des fruits, parfois recouvertes de crème et de sucre

pierogi (pyè**ro**gi) boulettes farcies avec du chou, des champignons, de la viande ou des fruits variés; on peut aussi les servir avec de la crème et du sucre

pierogi ruskie (pyè**ro**gi **rous**kyè) boulettes plates farcies avec du fromage blanc et de la purée de pommes de terre

pyzy drożdżowe (**pé**zé droj**djo**vè) boulettes faites avec de la pâte au levain; excellentes avec des sauces épaisses à la viande

pyzy ziemniaczane (**pé**zé z^{y}èmgna**tcha**nè) nouilles rondes aux pommes de terre, servies avec du bacon et du chou

ryż z jabłkami (réj z yab^{OU}**ka**mi) riz aux pommes; le riz est soit cuit au four avec les fruits, soit servi séparément avec une compote de pommes

ryż ze śliwkami (réj zè s^{y}lif**ka**mi) riz cuit avec des prunes, servi avec de la crème, du sucre et de la cannelle

Sauces *Sosy*

Les sauces, qui accompagnent souvent les plats polonais, sont souvent peu épicées et à base de crème et de farine. De nombreuses variations viennent de la cuisine française.

sos beszamel	sos bè**cha**mèl	sauce béchamel
sos cebulowy	sos tsèbou**lo**vé	sauce à l'oignon
sos chrzanowy	sos кнcha**no**vé	sauce au raifort
sos grzybowy	sos gjé**bo**vé	sauce aux champignons
sos koperkowy	sos kopèr**ko**vé	sauce à l'aneth
sos musztardowy	sos mouchtar**do**vé	sauce à la moutarde
sos pomidorowy	sos pomido**ro**vé	sauce tomate
sos szczypiorkowy	sos chtchépyor**ko**vé	sauce à l'échalote
sos tatarski	sos ta**tar**ski	sauce tartare

Légumes et salades *Jarzyny i sałatki*

awokado	avokado	avocat
bakłażan	bak[OU]ajan	aubergine
bataty	bataté	maïs (doux)
brokuły	brokou[OU]é	broccoli
brukiew	broukyèf	navets
brukselka	brouksèlka	choux de Bruxelles
buraki	bouraki	betterave
cebula	tsèboula	oignon
chili	tchili	chili
cukinia	tsoukigna	courgette
cykoria	tsékorya	endive
dynia	dégna	chayottes, citrouille
fasola	fasola	haricots
groszek	grochèk	petits pois
kabaczek	kabatchèk	courge
kalafior	kalafyor	chou-fleur
kapusta	kapousta	chou
karczochy	kartchoKHé	artichauts
kasztany jadalne	kachtané yadalnè	châtaignes
koper	koper	fenouil
kukurydza	koukourédza	maïs
marchew	marKHèf	carottes
mieszanka warzywna	myèchanka vajévna	jardinière de légumes
mizeria	mizèr[y]a	concombre haché à la crème
nać selera	nats[y] sèlèra	céleri
ogórek	ogourèk	concombre
ogórek kiszony	ogourèk kichoné	cornichon
ogórek konserwowe	ogourèk konsèrvovè	concombre conservé
papryka zielona/czerwona	papréka z[y]èlona/tchèrvona	poivrons verts/rouges
pieczarki	pyètcharki	champignons
pomidory	pomidoré	tomates
por	por	poireau
rzodkiewki	jodkyèfki	radis
sałata	sa[OU]ata	laitue
sałata mieszana	sa[OU]ata myèchana	laitue assortie
soczewica	sotchèvitsa	lentilles
szparagi	chparagi	asperges
szpinak	chpinak	épinards
ziemniaki	z[y]èmgnaki	pommes de terre

à la vapeur	**duszone**	dou**cho**nè
à l'eau	**gotowane**	goto**va**nè
à l'étouffée	**duszone**	dou**cho**nè
en dés	**pokrojone**	pokro**yo**nè
farcies	**nadziewane**	nadz^{y}è**va**nè
purée	**puree**	**pyou**rè
rôties au four	**pieczone**	pyè**tcho**nè

Épices et fines herbes *Przyprawy*

bazylia	ba**zé**lya	basilic
chrzan	KHchan	raifort
cynamon	tsé**na**mon	cannelle
czosnek	**tchos**nèk	ail
estragon	ès**tra**gon	estragon
gałka muszkatołowa	**ga^{ou}**ka mouchkat^{ou}**o**va	noix de muscade
imbir	**im**bir	gingembre
kapary	ka**pa**ré	câpres
kminek	**kmi**nèk	cumin
koperek	ko**pè**rèk	aneth
liść laurowy	lis^{y}ts^{y} laou**ro**vé	laurier
majeranek	mayè**ra**nèk	marjolaine
mięta	**mièn**ta	menthe
musztarda	mouch**tar**da	moutarde
nasienie anyżu	nas^{y}**è**gnè a**né**jou	anis
ogórki konserwowe	o**gour**ki konsèr**vo**vè	cornichons
oregano	o**rè**gano	origan
papryka	pa**pré**ka	paprika
pieprz	**pyè**pch	poivre
pieprz angielski	**pyè**pch an**gyèl**ski	piment
pietruszka	pyè**trouch**ka	persil
rozmaryn	roz**ma**rén	romarin
rzeżucha	jè**jou**KHa	cresson
sól	**soul**	sel
szafran	**cha**fran	safran
szalotka	cha**lot**ka	échalote
szałwia	**cha^{ou}**vya	sauge
szczypiorek	chtché**pyo**rèk	ciboulette
tymianek	tè**mya**nèk	thym
wanilia	va**gni**lya	vanille
zestaw ziół	**zè**staf z^{y}ou^{ou}	herbes de Provence

Fromages *Ser*

La Pologne reste essentiellement un pays rural et offre par conséquent une grande variété de produits laitiers. On trouve de nombreux types de fromages dans les magasins polonais, mais ceux-ci sont utilisés principalement dans les sandwiches et on ne les sert pas après le dîner.

Les fromages polonais les plus typiques sont des fromages blancs (*biały ser*) de plusieurs sortes. Les fromages à pâte dure (*żółte sery*, ou «fromages jaunes») sont plutôt en général des imitations de fromages étrangers tels que le Cheddar ou l'Edam et sont très appréciés. Ils sont parfois parfumés au poivre, à l'ail ou au paprika.

serek homogenizowany (**s**è**r**èk KHomog**è**gnizo**v**ané)	fromage blanc semblable au fromage frais
twarożek (tfa**r**oj**è**k)	sorte de fromage blanc à pâte dense; on le trouve soit sous forme de *tłusty* (avec un pourcentage de matière grasse plus élevé), soit sous forme de *chudy* qui est moins gras

Fruits et noix *Owoce i orzechy*

Avez-vous des fruits frais?	**Czy mają państwo jakieś świeże owoce?**	tchè **mayo**ⁿ **pagnstfo** yakyès[y] s[y]**fy**è**j**è **ovo**tsè
Je voudrais une salade de fruits frais.	**Poproszę deser ze świeżych owoców.**	pop**ro**chè **d**è**s**è**r** zè s[y]fyèjéKH **ovo**tsouf

agrest	agrèst	groseilles à maquereau
ananas	ananas	ananas
arbuz	arbous	pastèque
banan	banan	banane
brzoskwinia	bjoskfigna	pêche
cytryna	tsétréna	citron
czarne jagody	tcharnè yagodé	myrtilles
czarne porzeczki	tcharnè pojètchki	cassis
czereśnie	tchèrès[y]gnè	cerises
daktyle	daktélè	dates
figi	figi	figues
grejpfrut	grèypfrout	pamplemousse
gruszka	grouchka	poire
jabłko	yab[ou]ko	pomme
kasztany jadalne	kachtané yadalnè	châtaignes

limona	limona	citron vert
maliny	maliné	framboises
mandarynki	mandarénki	mandarine
melon	mèlon	melon
migdały	migda^{OU}é	amandes
morele	morèlè	abricots
nektarynka	nèktarénka	brugnon
orzech kokosowy	ojèKH kokosové	noix de coco
orzechy laskowe	ojèKHé laskovè	noisettes
orzechy włoskie	ojèKHé w^{OU}oskyè	noix
orzeszki ziemne	ojèchki z^{y}èmnè	cacahuètes
pigwa	pigva	coing
pomarańcza	pomaragntcha	orange
rabarbar	rabarbar	rhubarbe
rodzynki	rodzénki	raisins secs
śliwki suszone	s^{y}lifki souchonè	pruneaux
śliwki	s^{y}lifki	prunes
suszone owoce	souchonè ovotsè	fruits secs
truskawki	trouskafki	fraises
winogrona	winogrona	raisins
wiśnie	wis^{y}gnè	cerises

Desserts—Pâtisseries *Desery—Ciasta*

Je voudrais un dessert, s.v.p.	**Poproszę deser.**	poprochè dèsèr
Que me/nous recommandez-vous?	**Co pan[i] poleca?**	tso pan [pagni] polètsa
Quelque chose de léger, s.v.p.	**Coś lekkiego.**	tsos^{y} lekkyègo
Juste une petite portion.	**Poproszę o małą porcję.**	poprochè o ma^{OU}o^{n} portsyè

deser owocowy	dèsèr ovotsové	fruits avec de la crème fouettée ou du chocolat
krem czekoladowy	krèm tchèkoladové	crème au chocolat
lody	lodé	glace
bakaliowe	bakalyovè	tutti frutti
czekoladowe	tchèkoladovè	au chocolat
kawowe	kavovè	au café
mieszane	myèchanè	à plusieurs parfums
owocowe	ovotsovè	aux fruits
waniliowe	vagnilyovè	à la vanille

budyń (boudégn)	entremets épais au lait parfumé à la vanille, au chocolat ou aux fruits
kisiel (kis^{y}èl)	gelée aux fruits recouverte de confiture et/ou de crème
kompot (kompot)	fruits cuits avec du sucre et de l'eau; servis froids

Parmi les gâteaux polonais populaires, on trouve des génoises recouvertes de fruits, des gelées et des crèmes à base de chocolat.

dziad wielkanocny	dz^{y}ad vyèlkanotsné	gâteau de Pâques feuilleté
ptyś	ptés^{y}	chou à la crème
rolada	rolada	gâteau roulé
sernik	sèrgnik	tarte au fromage blanc
tort	tort	gâteau aux fruits secs

babka (babka)	sorte de biscuit en pâte sablée, parfois recouvert de sucre glace ou de chocolat
jabłecznik (yab^{ou}ètchgnik)	tourte aux pommes recouverte de sucre glace
keks (kèks)	génoise aux raisins secs et à l'écorce d'oranges
makowiec (makovyèts)	strudel traditionnel aux graines de pavot

Boissons *Napoje*

Bière *Piwo*

La bière polonaise, qui ressemble principalement à la bière blonde, est réputée pour son goût assez prononcé et distinct. Les marques recommandées sont *Okocim*, *Ratuszowe* et *Żywiec*. Les restaurants et les cafés servent de la bière, ainsi que les *piwiarnia*, qui sont des établissements spéciaux où l'on boit uniquement de la bière. Certaines *piwiarnia* vendent seulement des bières étrangères. On sert la bière soit dans des bouteilles soit dans de grands verres spéciaux appelés *kufel*.

Des pubs ont ouvert dernièrement dans de nombreuses grandes villes, où l'on sert des plats chauds et des casse-croûte ainsi qu'un grand choix de bières. Vous aurez peut-être même la chance d'en trouver un où l'on joue de la musique folklorique.

Qu'aimeriez-vous boire?	**Czego się pan[i] napije?**	tchègo s^{y}è pan [pagni] napyyè
Je prendrais une bière, s.v.p.	**Poproszę piwo.**	poprochè pivo
Prenez une bière!	**Proschę napić się piwa!**	prochè napits^{y} s^{y}è piva
Une bouteille de blonde, s.v.p.	**Poproszę butelke piwa.**	poprochè boutèlkè piva
Une pinte de douce, s.v.p.	**Poproszę kufel lekkiego piwa.**	poprochè koufèl lèkkyègo piva

Vin *Wina*

La Pologne ne produit pas de vin, et les vins les plus populaires sont ceux importés de Hongrie ou de Bulgarie. On trouve aussi des vins français et espagnols.

On peut boire du vin en mangeant dans les restaurants, ou bien on peut commander un verre dans une *kawiarnia*. Dans certaines grandes villes, vous trouverez peut-être une *winiarnia*, une cave où l'on boit du vin, où vous pourrez goûter un délicieux vin chaud aux épices, boisson populaire dans les montagnes dans le sud de la Pologne et, bien sûr, pendant l'hiver.

Puis-je avoir la carte des vins, s.v.p.?	**Czy mogę prosić listę win?**	tché mogè pros^{y}its^{y} listè vin
Je voudrais un/une… de vin rouge/blanc.	**Poproszę… czerwonego/białego wina.**	poprochè… tchèrwonègo/bia^{ou}ègo vina
bouteille	**butelkę**	boutèlkè
carafe	**karafkę**	karafkè
demi-bouteille	**pół butelki**	pou^{ou} boutèlki
pichet	**małą karafkę**	ma^{ou}o^{n} karafkè
verre	**lampkę**	lampkè
Quel est le prix d'une bouteille de champagne?	**Ile kosztuje butelka szampana?**	ilè kochtouyè boutèlka champana

Pouvez-vous m'apporter une autre bouteille/un autre verre de..., s.v.p.	**Poproszę jeszcze jedną butelkę/ lampkę...**	poprochè **yechtchè yèdno**ⁿ boutèlkè/lampkè
De quelle région vient ce vin?	**Jakiej produkcji jest to wino?**	yakyèy prodouktsyi yèst to vino

rouge	**czerwone**	tchèrvonè
blanc	**białe**	bya^{OU}è
rosé	**różowe**	roujovè
doux	**słodkie**	s^{OU}odkyè
sec	**wytrawne**	vétravnè
mousseux	**musujące**	mousouyontsè
glacé	**schłodzone**	SKH^{OU}odzonè
corsé	**w temperaturze pokojowej**	f tèmpèratoujè pokoyovèy

Autres boissons alcoolisées *Inne napoje alkoholowe*

La vodka reste la boisson la plus populaire en Pologne. La vodka transparente (bue pure) accompagne bien de nombreux plats chauds, en particulier les *bigos*, ainsi que certaines entrées comme le hareng. Il existe cependant d'autres types de vodkas qui diffèrent nettement en goût et couleur. On peut acheter de la vodka dans certains magasins spécialisés dans la vente de spiritueux, dans les grands supermarchés ou chez certains traiteurs. Elle doit toujours être bue froide et servie dans de petits verres. Certains aiment la mélanger avec du jus de fruits ou commander un verre d'eau minérale en même temps. Il ne faut pas boire votre vodka lentement mais plutôt vider votre verre en une ou deux gorgées. Vous entendrez souvent quelqu'un porter un toast en levant son verre et dire habituellement *Na zdrowie!*, l'équivalent polonais de «à votre santé!».

Une autre boisson alcoolisée populaire en Pologne est le *winiak*, qui est l'équivalent du cognac. Les cognacs de marque étrangère s'appellent aussi *koniaki*. La *śliwowica*, un alcool distillé fort à base de prunes, est aussi réputé.

Je voudrais un/ une...	**Poproszę...**	poprochè
apéritif	**aperitif**	apèritif
cognac	**koniak**	kognak

gin	**dżin**	djin
liqueur	**likier**	likyèr
rhum	**rum**	roum
vermouth	**wermut**	vèrmout
vodka	**wódka**	voudka
whisky	**whisky**	ouiski
sec	**czysta**	tchésta
avec des glaçons	**z lodem**	z lodèm
avec un peu d'eau	**z odrobiną wody**	z odrobino^{n} vodé
Donnez-moi un grand gin-tonic, s.v.p.	**Proszę duży dżin z tonikiem.**	prochè doujé djin s tognikyèm
Juste un peu d'eau gazeuse, s.v.p.	**Proszę tylko odrobinę wody sodowej.**	prochè tylko odrobinè vodé sodovèy

jabłecznik	yab^{ou}ètchgnik	cidre
krupnik	kroupgnik	liqueur à base d'hydromel
miód pitny	myout pitné	hydromel; boisson fermentée à base de miel et de malt
poncz	pontch	punch; en général à base de rhum cuit
Trójniak	trouygnak	liqueur populaire à base d'hydromel

cytrynówka (tsétrénoufka)	vodka parfumée au citron
jarzębiak (jajèmbyak)	vodka de sorbier, parfumée aux sorbes (baies de sorbier), très bonne servie avec des glaçons
myśliwska (més^{y}lifska)	vodka du chasseur, légèrement sèche, assez semblable au gin
pieprzówka (pièpchoufka)	vodka parfumée au poivre; jadis remède populaire contre les maux d'estomac
soplica (soplitsa)	vodka sèche de couleur dorée
wiśniówka (wis^{y}nioufka)	vodka à la cerise, douce mais forte
żubrówka (joubroufka)	vodka Bison; c'est probablement la mieux connue à cause de sa bouteille caractéristique contenant un brin d'herbe comme celle que mange le bison polonais

Boissons sans alcool *Napoje bezalkoholowe*

On trouve en général des jus de fruits et de nombreuses marques connues de boissons gazeuses dans les restaurants et les magasins. L'eau minérale est en général gazeuse et on la trouve à plusieurs parfums. Les milk-shakes (*koktajl*) sont aussi très populaires.

eau minérale	**woda mineralna**	voda minèralna
jus de fruits	**sok owocowy**	sok ovotsové
jus de pamplemousse	**sok grejpfrutowy**	sok grèypfroutové
jus de tomate	**sok pomidorowy**	sok pomidorové
jus d'orange	**sok pomarańczowy**	sok pomaragntchové
lait	**mleko**	mlèko
lait frappé	**koktajl na mleku**	koktayl na mlèkou
limonade	**lemoniada**	lèmognada
«Schweppes®»	**tonik**	tognik

Boissons chaudes *Napoje gorące*

Le thé et le café sont les deux boissons les plus populaires en Pologne. Le thé est toujours bu sans lait, parfois avec une tranche de citron. On le sert généralement dans un verre droit avec une soucoupe. Les Polonais font leur café à la turque: on met dans un verre une ou deux cuillerées de café finement moulu, on verse dessus de l'eau bouillante et on laisse infuser le café pendant environ une minute. Lorsque les grains de café se sont déposés au fond du verre, la boisson forte que vous obtenez est prête à boire. Si vous commandez un café au lait, on vous apportera probablement de la crème plutôt que du lait. Dans la plupart des cafés, on sert aussi un genre d'expresso (*kawa z ekspresu*). Il n'est pas aussi fort que la version française ou italienne, et on le sert dans des tasses. On peut mettre du sucre dans le thé et le café, mais on ne trouve que du sucre blanc en Pologne, et les édulcorants ne sont pas courants.

Je voudrais…	**Poproszę…**	poproché
chocolat chaud	**(gorącą) czekoladę**	(gorontso^{n}) tchèkoladè
café	**kawę**	kavè
au lait	**z mlekiem**	z mlèkyèm
crème	**ze śmietanką**	zè s^{y}myètanko^{n}
décaféiné	**bez kofeiny**	bès kofèiné
express	**z ekspresu**	z èksprèsou
moka	**mokka**	mokka
noir	**czarną**	tcharno^{n}

thé	**herbatę**	KHèrbatè
au lait/citron	**z mlekiem/ cytryną**	z mlèkyèm/tsétréno^{n}
tasse de thé	**filiżankę herbaty**	filijankè KHèrbaté

Réclamations *Zażalenia*

Il manque une assiette/un verre.	**Brakuje jednego talerza/szklanki.**	brakouyè yèdnègo talèja/ chklanki
Je n'ai pas de couteau/fourchette/ cuillère.	**Nie mam noża/ widelca/łyżki.**	gnè mam noja/vidèltsa/ ^{OU}échki
Ce n'est pas ce que j'ai commandé.	**Tego nie zamawiałem (zamawiałam).**	tègo gnè zamavya^{OU}èm (zamavya^{OU}am)
J'ai demandé...	**Prosiłem o...**	pros^{y}i^{OU}èm o
Il doit y avoir une erreur.	**To pomyłka.**	to pomé^{OU}ka
La viande est...	**To mięso...**	to mye^{n}so
trop cuite	**za bardzo przysmażone**	za bardzo pchésmajonè
pas assez cuite	**niedosmażone**	gnèdosmajonè
trop saignante	**za surowe**	za sourovè
trop dure	**za twarde**	za tfardè
C'est trop...	**To jest zbyt...**	to yèst zbét
amer/salé/sucré	**gorzkie/słone/ słodkie**	gochkye/s^{OU}onè/souodkyè
La nourriture est froide.	**To jest zimne.**	to jèst z^{y}imnè
Ce n'est pas frais.	**To nie jest świeże.**	to gnè yèst s^{y}fyèjè
Ce n'est pas propre.	**To jest brudne.**	to yèst broudnè

L'addition *Rachunek*

On s'attend à ce que vous laissiez environ 10% comme pourboire ou à ce que vous demandiez au garçon d'arrondir l'addition. Les cartes de crédit ne sont acceptées que dans les grands restaurants et habituellement dans la plupart des hôtels. Le mode de paiement le plus courant reste encore le paiement en liquide.

Je voudrais payer.	**Chciał(a)bym zapłacić.**	KHts^{y}a^{OU}bém (KHts^{y}a^{OU}abém) zapouats^{y}its^{y}

Nous voudrions payer séparément.	**Chcemy zapłacić osobno.**	KHtsèmé zap^{OU}ats^{y}ts^{y} osobno
Je crois qu'il y a une erreur sur l'addition.	**Wydaje mi się że w tym rachunku jest błąd.**	wédayè mi s^{y}è jè f tém raKHounkou yèst b^{OU}ont
Que représente ce montant?	**Za co to jest?**	za tso to yèst
Le service est-il compris?	**Czy obsługa jest wliczona?**	tchè obs^{OU}ouga yèst vlitchona
Le couvert est-il compris?	**Czy opłata za nakrycie stołu jest wliczona?**	tché op^{OU}ata za nakréts^{y}è sto^{OU}ou yèst vlitchona
Est-ce que tout est compris?	**Czy wszystko jest wliczone?**	tché fchystko yèst vlitchonè
Acceptez-vous les chèques de voyage?	**Czy mogę zapłacić czekami podróżnymi?**	tché mogè zap^{OU}ats^{y}its^{y} tchèkami podroujnémi
Puis-je payer avec cette carte de crédit?	**Czy mogę zapłacić tą kartą kredytową?**	tché mogè zap^{OU}ats^{y}its^{y} to^{n} karto^{n} krèdétovo^{n}
Pourriez-vous l'arrondir à ...	**Proszę to zaokrąglić do ...**	prochè to zaokronglits^{y} do
Gardez la monnaie.	**Proszę zatrzymać resztę.**	prochè zatchémats^{y} rèchtè
C'était délicieux.	**To było wyśmienite.**	to bé^{OU}o wés^{m}yègnitè
C'était très bon, merci.	**Dziękuję, smakowało nam.**	dz^{y}iènkouyè smakova^{OU}o nam

SERVICE COMPRIS
OPATA ZA OBSUGĘ JEST WLICZONA

Repas légers—Pique-nique *Przekąski—Piknik*

Si vous voulez quelque chose à manger et un endroit pour vous assoir et vous reposer, cherchez un *bar*, un *bistro*, un *snack bar* ou une *pizzeria*. Ils servent tous des casse-croûtes et des plats chauds. Sinon, vous pouvez acheter une mini pizza, un hot dog ou un hamburger auprès de petits marchands dans la rue. Ils vendent aussi des sandwiches grillés, appelés *zapiekanka*, qui se composent habituellement d'un morceau de baguette avec du fromage, des champignons ou de la saucisse.

POURBOIRES, voir 3ème page de couverture

Donnez-moi deux de ceux-ci et un de ceux-là.	**Poproszę dwa takie i jeden z tych.**	poprochè dva **takyè** i **yèdèn** s tèKH
C'est pour emporter.	**To jest na wynos.**	to yèst na **vénos**
Je voudrais un morceau de gâteau.	**Poproszę kawałek tortu.**	poprochè **kava^{OU}èk tortou**
beignet	**pączek**	**pon**chèk
pain beurré au…	**kanapka…**	ka**nap**ka
jambon	**z szynką**	s **chén**ko^{n}
fromage	**z serem**	s **sè**rèm
salade de pommes de terre	**sałatka ziemniaczana**	sa^{OU}**at**ka z^{y}èmgna**tcha**na
sandwich	**kanapka**	ka**nap**ka
saucisse grillée	**smażona kiełbasa**	sma**jo**na kyè^{OU}**ba**sa

Voici une liste simple d'aliments et de boissons qui pourra vous servir lorsque vous ferez des courses pour un pique-nique.

Je voudrais…	**Poproszę…**	po**pro**chè
bananes	**banany**	ba**na**né
barre au chocolat	**tabliczkę czekolady**	ta**blitch**kè tchèko**la**dé
beurre	**masło**	**mas**^{OU}o
bière	**piwo**	**pi**vo
biscuits	**herbatniki**	KHèr**bat**gniki
boisson sans alcool	**zimny napój**	z^{y}imné **na**pouy
café	**kawę**	**ka**vè
cornichons	**parówki**	pa**rouf**ki
frites	**chrupki**	KH**roup**ki
fromage	**ser**	sèr
glace	**lody**	**lo**dé
lait	**mleko**	**mlè**ko
moutarde	**musztardę**	mouch**tar**dè
oranges	**pomarańcze**	poma**ragn**tchè
œufs	**jajka**	**yay**ka
pain	**chleb**	KHlèp
petit pain	**bułkę**	**bou**^{OU}kè
poivre	**pieprz**	pyèpch
pommes	**jabłka**	**yab**^{OU}ka
raisins	**winogrona**	vino**gro**na
sachets de thé	**herbatę ekspresową**	KHèr**ba**tè èksprè**so**vo^{n}
saucisse	**kiełbasę**	kyè^{OU}**ba**sè
sel	**sól**	soul
sucre	**cukier**	**tsu**kyèr
yaourt	**jogurt**	**yo**gourt

Excursions

Le moyen le plus simple et le plus pratique de voyager en Pologne est la voiture. Les routes ne sont toutefois pas toutes très bonnes et il existe peu d'autoroutes et de routes à quatre voies. Si vous avez l'intention de faire un long voyage, il vaut peut-être mieux voyager en train sur le réseau ferré bien développé. Vous trouverez plusieurs agences de voyage qui pourront vous aider; celle qui a le plus d'expérience avec les touristes étrangers est Orbis, qui possède des hôtels et des agences dans la plupart des grandes villes.

En avion *Samolot*

La compagnie aérienne nationale est la compagnie aérienne polonaise LOT qui fait les liaisons à partir de la Pologne, ainsi que les vols intérieurs entre Varsovie et quelques grandes villes polonaises. Il y a en général des vols une à deux fois par jour. On peut obtenir des renseignements sur les horaires à l'aéroport Okłcie de Varsovie ou dans les agences de la LOT.

Y a-t-il un vol pour Kraków?	**Czy są jakieś loty do Krakowa?**	tché so^{n} **yakyès^{y} lo**té do kra**ko**va
Y a-t-il un vol direct pour...?	**Czy to jest bezpośredni lot do...?**	tché yèst bèspos^{y}**rèd**gni lot do
A quelle heure part le prochain vol pour Gdańsk?	**Kiedy jest następny lot do Gdańska?**	**kyè**dé yèst na**stèm**pné lot do **gdagn**ska
Y a-t-il une correspondance pour Szczecin?	**Czy jest jakieś połączenie do Szczecina?**	tché yèst **yakyès^{y}** po^{OU}**ntchè**gnè do chtchè**ts^{y}i**na
Je voudrais un billet pour Wrocław.	**Chciał(a)bym kupić bilet do Wrocławia.**	**KHts^{y}a^{OU}**bém (**KHts^{y}a^{OU}**abém) **kou**pits^{y} **bi**lèt do vro**ts^{OU}a**vya
aller simple	**w jedną stronę**	f **jè**dno^{n} **stro**nè
aller-retour	**tam i z powrotem**	tam i s pov**ro**tèm
classe affaires	**klasa biznes**	**kla**sa **biz**nès
siège près de l'allée	**miejsce koło przejścia**	**myèys**tsè **ko**^{OU}o **pchèys**^{y}ts^{y}a
siège près de la fenêtre	**miejsce przy oknie**	**myèys**tsè pchè **ok**gnè

A quelle heure l'avion décolle-t-il?	**O której odlatujemy?**	o **ktou**rèy odlatou**yè**mè
A quelle heure dois-je me présenter pour l'enregistrement?	**O której godzinie mam się zgłosić do odprawy?**	o **ktou**rèy **godz^{y}i**gnè mam s^{y}è **zg^{OU}o**s^{y}its^{y} do ot**pra**vè
Y a-t-il un bus pour l'aéroport?	**Czy jest autobus na lotnisko?**	tchè yèst aou**to**bous na lot**gni**sko
Quel est le numéro de vol?	**Jaki jest numer lotu?**	yaki yèst **nou**mèr **lo**tou
A quelle heure arrivons-nous?	**O której przylatujemy?**	o **ktou**rèy pchèlatou**yè**mé
Je voudrais... ma réservation.	**Chciał(a)bym... moją rezerwację.**	**KHts^{y}a^{OU}**bém (**KHts^{y}a^{OU}**abém) **mo**yo^{n} rèzèr**va**tsyè
annuler	**odwołać**	od**vo^{OU}**ats^{y}
changer	**zmienić**	**zmyè**gnits^{y}
confirmer	**potwierdzić**	pot**fyè**rdz^{y}its^{y}

PRZYLOTY ARRIVÉE	**ODLOTY** DÉPART

En train *Pociąg*

Les chemins de fer polonais (PKP) offrent un service relativement bon marché, efficace et ponctuel sur un réseau ferré bien développé. Tous les trains ont en principe un compartiment séparé pour les parents avec des enfants en bas âge et pour les handicapés.

On peut se procurer les billets ou faire des réservations directement à la gare ou par l'intermédiaire des agences de voyage Orbis. Les billets pour les trains express sont les plus chers et vous devez réserver votre place. Vous pouvez aussi réserver une place ou une couchette dans les trains interurbains longue distance. Les cartes Inter-rail sont valides en Pologne.

Les trains express sont indiqués par un R majuscule dans un carré sur les horaires des trains. Cela signifie qu'il faut réserver vos places lorsque vous achetez votre billet. Un R majuscule sans carré signifie que la réservation n'est pas obligatoire.

Les locomotives à vapeur sont encore utilisées sur certaines lignes, en particulier dans le sud-est de la Pologne.

pociąg międzynarodowy (pots^{y}onk myèndzénaro**dové**)	train international
pociąg Eurocity (IC) (pots^{y}onk èuro**sité**)	train Eurocity
pociąg ekspresowy (pots^{y}onk èksprè**sovè**)	train express longue distance qui s'arrête seulement dans les gares principales
pociąg Intercity (IC) (pots^{y}onk intèr**sité**)	train inter-urbain direct qui relie les grandes villes
pociąg pośpieszny (pots^{y}onk pos^{y}**pyè**chné)	train inter-urbain longue distance qui s'arrête plus fréquemment que les trains express
pociąg osobowy (pots^{y}onk oso**bovè**)	omnibus s'arrêtant dans toutes les gares
pociąg podmiejski (pots^{y}onk pod**myèy**ski)	train local s'arrêtant dans toutes les gares
wagon restauracyjny (**va**gon restaoura**tséy**né)	wagon-restaurant; il s'agit d'un restaurant dans la plupart des trains express et d'un bar où l'on vend des repas chauds et des boissons dans les trains inter-urbains rapides
wagon sypialny (**va**gon sé**pyal**né)	wagon-lit, de première ou deuxième classe

Pour aller à la gare *Dworzec PKP*

Où est la gare?	**Gdzie jest dworzec kolejowy?**	gdz^{y}è yèst **dvo**jèts kolè**yo**vé
Taxi!	**Taksówka!**	tak**souf**ka
Conduisez-moi à la gare principale.	**Proszę na dworzec główny.**	**pro**chè na **dvo**jèts **g^{ou}ouv**nè
Combien coûte le billet?	**Ile płacę?**	lè **p^{ou}at**sè

WEJŚCIE	ENTRÉE
WYJŚCIE	SORTIE
WYJŚCIE NA PERONY	ACCÈS AUX QUAIS
INFORMACJA	RENSEIGNEMENTS

Où est ...? *Gdzie jest ...?*

Où est/sont...?	**Gdzie jest/są...?**	gdz^{y}è yèst/so^{n}
bar	**bar**	bar
bureau de change	**kantor wymiany walut**	**kan**tor vé**mya**né **va**lout
bureau de réservations	**biuro rezerwacji**	**byou**ro rèzèr**va**tsyi
bureau des objets trouvés	**biuro rzeczy znalezionych**	**byou**ro **jè**tchè znalèz^{y}**yo**nèKH
consigne	**przechowalnia bagażu**	pchèKHo**val**gna ba**ga**jou
consigne automatique	**schowki bagażowe**	**sKHof**ki baga**jo**vè
guichet	**kasa biletowa**	**ka**sa bilè**to**va
kiosque à journaux	**kiosk**	kyosk
quai 7	**peron 7**	**pè**ron 7
restaurant	**restauracja**	rèstaou**ra**tsya
salle d'attente	**poczekalnia**	potchè**kal**gna
snack bar/buffet	**bar szybkiej obsługi**	bar **chép**kyèy ops^{OU}**ou**gi
Où sont les toilettes?	**Gdzie są toalety?**	gdz^{y}è so^{n} toa**lè**té

Renseignements *Zasięganie informacji*

A quelle heure part le... train pour Poznań?	**Kiedy jest... pociąg do Poznania?**	**kyè**dé yèst... **po**ts^{y}onk do poz**na**gna
premier/dernier/ prochain	**pierwszy/ostatni/ następny**	**pyèr**fché/os**tat**gni/ nas**tèm**pné
A quelle heure part le train pour Gdańsk?	**O której odjeżdża pociąg do Gdańska?**	o **ktou**rèy od**yèj**dja **po**ts^{y}onk do **gdagn**ska
Combien coûte un billet pour Zakopane?	**Ile kosztuje bilet do Zakopanego?**	**i**lè ko**chtou**yè **bi**lèt do zakopa**nè**go
Est-ce un train direct?	**Czy to jest pociąg bezpośredni?**	tché yèst **po**ts^{y}onk bèspos^{y}**rèd**gni
Y a-t-il une correspondance pour...?	**Czy jest stąd połączenie do...?**	tchè yèst stont po^{OU}on**tchè**gnè do
Est-ce que je dois changer de train?	**Czy muszę się przesiadać?**	tchè **mou**chè s^{y}è pchè**s^{y}a**dats^{y}
Y a-t-il assez de temps pour changer?	**Czy będę miał(a) dość czasu, żeby się przesiąść?**	tchè **bèn**dè mya^{OU} (**mya**^{OU}a) dos^{y}ts^{y} **tcha**sou **jè**bé s^{y}è **pchè**s^{y}o^{n}s^{y}ts^{y}

TAXI, voir page 21

Le train est-il à l'heure?	**Czy ten pociąg jedzie zgodnie z rozkładem?**	tché tèn **pots**ʸonk **yèdz**ʸè **zgod**gnè z **rosk**ᴼᵁ**adèm**
A quelle heure le train arrive-t-il à Krakowa?	**O której ten pociąg przyjeżdża do Krakowa?**	o **ktou**rèy tèn **pots**ʸonk pchè**yèj**dja do kra**ko**va
Y a-t-il un wagon-restaurant/wagon-lit dans le train?	**Czy w tym pociągu jest wagon restauracyjny/sypialny?**	tché f tém **pots**ʸ**on**gou yèst **va**gon restaoura**tséy**né/ sé**pyal**né
Le train s'arrête-t-il à Katowice?	**Czy ten pociąg zatrzymuje się w Katowicach?**	tché tèn **pots**ʸonk zatché**mou**yè sʸè f kato**vi**tsaKH
De quel quai part le train pour Varsovie?	**Z którego peronu odjeżdża pociąg do Warszawy?**	s ktou**rè**go pè**ro**nou od**yèj**dja **pots**ʸonk do var**cha**vé
Sur quel quai arrive le train de Berlin?	**Na który peron przyjeżdża pociąg z Berlina?**	na **ktou**ré **pè**ron pché**yèj**dja **pots**ʸonk z bèr**li**na
Je voudrais un horaire, s.v.p.	**Poproszę rozkład jazdy.**	po**pro**chè **rosk**ᴼᵁat **yaz**dé

Musi pan[i] się przesiąść w...	Vous devez changer à...
Proszę przesiąść się w... na pociąg osobowy.	Changez à... et prenez un omnibus.
Peron 7 jest...	Le quai numéro 7 est...
tam/po schodach w górę	là-bas/en-haut
na lewo/na prawo	à gauche/à droite
Pociąg do... na...	Il y a un train pour... à...
Pana/pani pociąg odjeżdża z peronu 8.	Votre train partira du quai numéro 8.
Pociąg będzie opóźniony o... minut.	Il a... minutes de retard.
Wagony pierwszej klasy znajdują się na początku/w środku/na końcu pociągu.	Première classe à l'avant/au milieu/à l'arrière.

Billets *Bilety*

Je voudrais un billet pour Toruń.	**Poproszę bilet do Torunia.**	po**pro**chè **bi**lèt do to**rou**gna
aller simple	**w jedną stronę**	v **yèd**noⁿ **stro**nè

aller-retour	**tam i z powrotem**	tam i s po**vro**tèm
première/deuxième classe	**pierwszej/drugiej klasy**	**pièr**fchèy/**drou**gyèy **kla**sé
demi-tarif	**pięćdziesiąt procent zniżki**	pyegnts^{y}**dz^{y}ès**^{y}ont **pro**tsènt **zgnich**ki

Réservations *Rezerwacje*

Je voudrais réserver un/une...	**Chciał(a)bym zarezerwować...**	**KHts^{y}a^{OU}**bém (KHts^{y}a^{OU}abém) zarèzèr**vo**vats^{y}
siège (près de la fenêtre)	**miejsce (przy oknie)**	**myèy**stsè (pchè **okg**nè)
couchette	**kuszetkę/miejsce do leżenia**	kou**chèt**kè/**myèy**stsè do lè**jè**gna
supérieure	**na górze**	na **gou**jè
au milieu	**pośrodku**	pos^{y}**rod**kou
inférieure	**na dole**	na **do**lè
couchette dans le wagon-lit	**miejsce w wagonie sypialnym**	**myèy**stsè v va**go**gnè sé**pyal**nèm

Dans le train *Proszę wsiadać!*

Est-ce bien le bon quai pour le train de Gdyni?	**Czy pociąg do Gdyni odjeżdża z tego peronu?**	tché **pots^{y}**onk do **gdé**gni od**yej**dja s **tè**go pè**ro**nou
Est-ce bien le bon train pour Przemyśl?	**Czy to jest pociąg do Przemyśla?**	tché to yèst **pots^{y}**onk do pchè**mès**^{y}la
Pardon, puis-je passer?	**Przepraszam. Chciał(a)bym przejść.**	pchè**pra**cham. **KHts^{y}a^{OU}**bém (KHts^{y}a^{OU}abym) pchèys^{y}ts^{y}
Cette place est-elle occupée?	**Czy to miejsce jest zajęte?**	tché to **myèy**stsè yèst za**yèn**tè

DLA PALĄCYCH FUMEURS	**DLA NIEPALĄCYCH** NON-FUMEURS

Je crois que c'est ma place.	**To chyba jest moje miejsce.**	to **KHé**ba yèst **mo**yè **myèy**stsè
Pourriez-vous m'avertir quand nous arriverons à Wrocław?	**Proszę dać mi znać zanim dojedziemy do Wrocławia.**	**pro**chè dats^{y} mi znats^{y} **za**gnim doyè**dz^{y}è**mè do vrots^{OU}**a**vya

HEURES, voir page 153/NOMBRES, voir page 147

C'est quelle gare?	**Jaka to stacja?**	**ya**ka to **sta**tsya
Combien de temps le train s'arrête-t-il ici?	**Jak długo się tu zatrzymujemy?**	yak **d^{OU}**ogo s^{y}è tou zatchèmou**yè**mé
A quelle heure arrivons-nous à Łodz?	**O której dojedziemy do Łodzi?**	o **ktou**rèy doyè**dz^{y}è**mé do ^{OU}**o**dz^{y}i

Wagon-lit *Wagon sypialny*

Y a-t-il des compartiments libres dans le wagon-lit?	**Czy są jakieś wolne przedziały w wagonie sypialnym?**	tché so^{n} **ya**kys^{y} **vol**nè pchè**dz^{y}a**^{OU}é v va**go**gnè sé**pyal**ném
Où est le wagon-lit?	**Gdzie jest wagon sypialny?**	gdz^{y}è yèst **va**gon sé**pyal**né
Où est ma couchette?	**Gdzie jest moje miejsce?**	gdz^{y}è yèst **mo**yè **myèy**stsè
Je voudrais la couchette du bas, s.v.p.	**Proszę łóżko na dole.**	**pro**chè ^{OU}**ouch**ko na **do**lè
Pouvez-vous préparer nos couchettes, s.v.p.?	**Proszę przygotować nasze łóżka.**	**pro**chè pchégo**to**vats^{y} **na**chè ^{OU}**ouch**ka
Pourriez-vous me réveiller à 7 heures?	**Proszę obudzić mnie o siódmej.**	**pro**chè o**bou**dz^{y}its^{y} mgnè o **s^{y}youd**mèy

Wagon-restaurant *Jedzenie*

Les wagons-restaurants s'appellent plus communément *wagon WARsu* d'après la compagnie qui s'en charge. Il y a deux types de wagons-restaurants. Les *wagon restauracyjny* offrent un service de restauration complète et on les trouve dans certains trains express et internationaux, tandis que les *wagon barowy* se trouvent dans les trains longue distance et servent de la nourriture de type buffet ainsi qu'une variété de repas chauds.

Où est le wagon-restaurant?	**Gdzie jest wagon restauracyjny?**	gdz^{y}è yèst **va**gon rèstaoura**tséy**né

Bagages—Porteurs *Bagaż—Bagażowi*

Porteur!	**Bagażowy!**	baga**jo**vé
Pouvez-vous porter mes bagages?	**Czy może mi pan pomóc w przenieniu bagażu?**	tché **mo**jè mi pan **po**mouts f pchègnè**s^{y}e**gnuou ba**ga**jou

PORTEUR, voir aussi page 18

Où sont les chariots à bagages?	**Gdzie są wózki bagażowe?**	gdz^{y}è so^n vouski bagajovè
Où est la consigne automatique?	**Gdzie są schowki bagażowe?**	gdz^{y}è so^n sKHofki bagajové
Où est la consigne?	**Gdzie jest przechowalnia bagażu?**	gdz^{y}è yèst pchèKHovalgna bagajou
Je voudrais déposer mes bagages, s.v.p.	**Chciał(a)bym zostawić mój bagaż.**	KHts^{y}a^{OU}bém (KHts^{y}a^{OU}abém) zostavits^y mouy bagaj
Je voudrais faire enregistrer mes bagages.	**Chciał(a)bym oddać to na bagaż.**	KHts^{y}a^{OU}bém (KHts^{y}a^{OU}abém) oddats^y to na bagaj

NADAWANIE BAGAZU
ENREGISTREMENT DES BAGAGES

En autocar *Autobusy dalekobieżne*

Les autocars inter-urbains longue distance font régulièrement la navette entre les villes et les villages, surtout ceux qui n'ont pas de ligne de chemin de fer directe. Il y a aussi des liaisons entre les grandes villes et les faubourgs ou les villes voisines. On peut obtenir des renseignements et des billets dans toutes les gares routières.

A quelle heure part le prochain car pour...?	**Kiedy jest następny autobus do...?**	kyèdé yèst nastèmpné aoutobous do
Ce car s'arrête-t-il à...?	**Czy ten autobus zatrzymuje się w...?**	tché tèn aoutobous zatchémouyè s^{y}è v
Combien de temps dure le trajet?	**Jak długo trwa podróż?**	yak d^{OU}ougo trfa podrouj

En bus—En tram *Autobus—Tramwaj*

Je voudrais un carnet de tickets.	**Poproszę bloczek biletów.**	poprochè blotchèk bilètouf
Quel tram va au centre-ville?	**Którym tramwajem mogę dojechać do centrum?**	ktourém tramvayèm mogè doyèKHats^y do tsèntroum
Où puis-je prendre un bus pour l'opéra?	**Skąd odjeżdża autobus do opery?**	skont odyèjdja aoutobous do opèré

Quel bus dois-je prendre pour aller à Stare Miasto?	**Którym autobusem mogę dojechać na Stare Miasto?**	ktourém aouto**bou**sèm mogè doy**è**KHats^{y} na **sta**rè **mya**sto
Où est l'arrêt de bus?	**Gdzie jest przystanek autobusowy?**	gdz^{y}è yèst pché**sta**nèk aoutobou**so**vé
A quelle heure est le... bus pour Wilanów?	**Kiedy jest... autobus do Wilanowa?**	kyèdé yèst... aou**to**bous do vila**no**va
premier/dernier/prochain	**pierwszy/ostatni/następny**	pyer**f**ché/os**ta**gni/nas**tèm**pné
Combien coûte un ticket pour...?	**Ile kosztuje bilet do...?**	ilè koch**tou**yè **bi**lèt do
Est-ce que je dois changer de bus?	**Czy muszę się przesiadać?**	tché **mou**chè s^{y}è pchè**s^{y}a**dats^{y}
Combien y a-t-il d'arrêts jusqu'à...?	**Ile przystanków jest do...?**	ilè pché**stan**kouf yèst do
Pourriez-vous me dire quand je dois descendre?	**Proszę mi powiedzieć kiedy wysiąść?**	**pro**chè mi po**vyè**dz^{y}èts^{y} **kyè**dé **vé**s^{y}o^{y}s^{y}ts^{y}
Je voudrais descendre à Zamek Królewski.	**Chcę wysiąść przy Zamku Królewskim.**	KHtsè **vé**s^{y}o^{y}s^{y}ts^{y} pché **zam**kou krou**lef**skim

PRZYSTANEK AUTOBUSOWY	ARRÊT DE BUS
PRZYSTANEK NA ŻĄDANIE	ARRÊT SUR DEMANDE

En bateau *Przejazdy statkiem*

A quelle heure part le prochain bateau pour...?	**Kiedy odpływa następny statek do...?**	**kyè**dé ot**p^{OU}é**va nas**tèm**pné **sta**tèk do
Où s'effectue l'embarquement?	**Gdzie się wsiada?**	gdz^{y}è s^{y}è **fs^{y}a**da
Combien de temps dure la traversée?	**Jak długo trwa przeprawa?**	yak **d^{OU}**ougo trfa pchè**pra**va
Quel(s) port(s) ce bateau dessert-il?	**W jakim porcie (jakich portach) się zatrzymujemy?**	w **ya**kim **por**ts^{y}è (**ya**kiKH **por**taKH) s^{y}è zatché**mou**yè**mé**

Je voudrais faire le tour du port.	**Chciał(a)bym popłynąć na wycieczkę/rejs dookoła portu.**	KHts^{y}a^{ou}bém (KHts^{y}a^{ou}abém) popouénognts^{y} na véts^{y}ètchkè/rèys dooko^{ou}a portou
bateau	**łódź/statek**	^{ou}outs^{y}/statèk
bateau à vapeur	**parowiec**	parovyèts
cabine simple/double	**kabina jednoosobowa/ dwuosobowa**	kabina yèdnoosobova/ dvouosobova
ferry	**prom**	prom
gilet/canot de sauvetage	**pas bezpieczeństwa/łódź ratunkowa**	pas bespyètchegnstfa/ ^{ou}outs^{y} ratounkova
hydrofoil	**wodolot**	vodolot
pont	**pokład**	pok^{ou}at
port	**port**	port
promenade sur la rivière	**rejs po rzece**	rèys po jètsè

Autres moyens de transport *Inne środki transportu*

faire de l'auto-stop	**jechać autostopem**	yèKHats^{y} aoutostopèm
marcher	**iść piechotą**	is^{y}ts^{y} pyèKHoto^{n}
hélicoptère	**helikopter**	KHèlikoptèr
mobylette (vélomoteur)	**motorower**	motorovèr
moto(cyclette)/ scooter	**motocykl/skuter**	mototsékl/skoutèr
téléphérique	**kolejka linowa**	kolèyka linova
Je voudrais louer une bicyclette.	**Chciał(a)bym wynająć rower.**	KHts^{y}a^{ou}bém (KHts^{y}a^{ou}abém) vénayognts^{y} rovèr

En voiture *Samochód*

Les conducteurs et les passagers à l'avant doivent porter leur ceinture de sécurité tout le temps et le taux limite d'alcoolémie est voisin de zéro. De mars à novembre, vous devez toujours allumer vos feux de route, même pendant la journée, et votre voiture doit être équipée de feux de détresse.

SPORTS, voir page 89

Où est la station-service la plus proche?	**Gdzie jest najbliższa stacja benzynowa?**	gdz^{y}è yèst nayblich-cha statsya bènzénova
Le plein, s.v.p.	**Proszę do pełna.**	prochè do pè^{OU}na
Mettez-moi … litres d'essence, s.v.p.	**Poproszę … litrów benzyny.**	poprochè …litrouf bènzéné
super/ordinaire/sans plomb/diesel	**super (wysokooktanowej)/normalnej/bezołowiowej/ diesel**	soupèr (vésokooktanovèy)/ normalnèy/ bèso^{OU}ovyovèy/ dizèl
Pouvez-vous vérifier…	**Proszę sprawdzić…**	prochè spravdz^{y}its^{y}
batterie	**akumulator**	akoumoulator
huile/eau	**olej/wodę**	olèy/vodè
liquide des freins	**płyn hamulcowy**	p^{OU}én KHamoultsové
Pourriez-vous vérifier la pression des pneus?	**Czy może pan[i] sprawdzić ciśnienie w oponach?**	tché mojè pan [pagni] sprawdz^{y}its^{y} ts^{y}is^{y}gnègnè w oponaKH
1,6 à l'avant, 1,8 à l'arrière.	**1.6 z przodu, 1.8 z tyłu.**	1.6 s pchodou 1.8 s té^{OU}ou
Pouvez-vous aussi vérifier la roue de secours.	**Proszę też sprawdzić koło zapasowe.**	prochè tèj spravdz^{y}its^{y} ko^{OU}o zapasovè
Pouvez-vous réparer cette crevaison?	**Czy może pan[i] naprawić to przebicie?**	tché mojè pan [pagni] napravits^{y} to pchèbits^{y}è
Pouvez-vous changer…, s.v.p.?	**Proszę zmienić…**	prochè zmyègnits^{y}
ampoule	**żarówkę**	jaroufkè
bougies	**świece zapłonowe**	s^{y}fyètsè zap^{OU}onovè
courroie du ventilateur	**pasek klinowy**	pasèk klinové
essuie-glaces	**wycieraczki**	véts^{y}èratchki
pneu	**oponę**	oponè
Pourriez-vous nettoyer le pare-brise, s.v.p.?	**Proszę umyć przednią szybę.**	prochè ouméts^{y} pchèdgno^{n} chébè

Pour demander son chemin *Pytanie o drogę—Kierunki*

Pour aller à/au…, s.v.p.?	**Przepraszam, którędy dojechać do…?**	pchè**pra**cham ktou**ren**dé doy**è**KHats^{y} do
Dans quelle direction se trouve…?	**W którym kierunku jest…?**	f **ktou**rém kyè**roun**kou yèst
Comment puis-je aller à/au…?	**Jak mogę się dostać do…?**	yak **mo**gè s^{y}è **do**stats^{y} do
Nous sommes bien sur la bonne route pour aller à…?	**Czy dobrze jedziemy do…?**	tché **do**bjè yè**dz^{y}è**mé do
A quelle distance se trouve le prochain village?	**Jak daleko jest do najbliższej miejscowości?**	yak da**lè**ko yèst do nay**blich**-chèy myeystso**vos^{y}**ts^{y}i
A quelle distance sommes-nous de…?	**Jak daleko jest stąd do…?**	yak da**lè**ko yèst stont do
Y a-t-il une autoroute à…?	**Czy jest autostrada do…?**	tché yèst aouto**stra**da do
Il faut combien de temps en voiture/à pied?	**Jak długo się tam jedzie/idzie?**	yak **d^{ou}**ougo s^{y}è tam **ye**dz^{y}è/**i**dz^{y}è
Puis-je aller au centre-ville en voiture?	**Czy mogę wjechać do centrum miasta?**	tché **mo**gè **vyè**KHats^{y} do **tsen**troum **mya**sta
Est-il permis de circuler dans le centre-ville?	**Czy w centrum miasta ruch samochodowy jest dozwolony?**	tché f **tsen**troum **mya**sta rouKH samoKHo**do**vé yèst dozvo**lo**né
Pouvez-vous me dire où se trouve…?	**Czy może mi pan[i] powiedzieć gdzie jest…?**	tché **mo**jè mi pan [**pa**gni] po**vyè**dz^{y}èts^{y} gdz^{y}è yèst
Comment puis-je trouver cet endroit/adresse?	**Jak mogę dotrzeć w to miejsce/pod ten adres?**	yak **mo**gè **do**tchèts^{y} f to **myè**ystsè/pot tèn **a**drès
Où est-ce?	**Gdzie to jest?**	gdz^{y}è to yèst
Pouvez-vous m'indiquer sur la carte où je me trouve?	**Czy może mi pan[i] pokazać na mapie gdzie jestem?**	tché **mo**jè mi pan [**pa**gni] po**ka**zats^{y} na **ma**pyè gdz^{y}è **yè**stèm

Źle pan[i] jedzie.	Vous êtes sur la mauvaise route.
Proszę jechać prosto.	Allez tout droit.
To jest tam dalej po lewej/ prawej.	C'est là-bas à gauche/ droite.
obok/za ...	à côté de/après ...
naprzeciw/za ...	en face/derrière ...
na północ/na południe	au nord/au sud
na wschód/na zachód	à l'est/à l'ouest
Proszę jechać do pierwszego/ drugiego skrzyżowania.	Allez jusqu'au premier/ deuxième carrefour.
Proszę skręcić na światłach w lewo.	Tournez à gauche aux feux.
Proszę skręcić na następnym rogu w prawo.	Tournez à droite au prochain coin de rue.
Proszę jechać drogą na ...	Prenez la ... rue.
To jest ulica jednokierunkowa.	C'est une rue à sens unique.
Musi pan[i] wrócić do ...	Il faut retourner à ...
Proszę jechać na Kutno.	Suivez la direction de Kutno.

Stationnement *Parking*

Les parkings sont indiqués par le signe habituel; ils sont soit gratuits (*bezpłatny*), soit payants (*płatny*), auquel cas un employé se chargera d'encaisser la somme.

Où puis-je me garer?	**Gdzie mogę zaparkować?**	gdz^{y}è **mo**gè zapar**ko**vats^{y}
Y a-t-il un parking près d'ici?	**Czy jest tu gdzieś parking?**	tché yèst tou gdz^{y}ès^{y} **par**kink
Puis-je me garer ici?	**Czy mogę tu zaparkować?**	tché mo**gè** tou zapar**ko**vats^{y}
Combien de temps puis-je stationner ici?	**Jak długo mogę tu parkować?**	yak **d**^{ou}**ougo mo**gè tou par**ko**vats^{y}
Quel est le tarif par heure?	**Ile płacę za godzinę?**	ilè **p**^{ou}**a**tsè za go**dz**^{y}**i**nè
Avez-vous de la monnaie pour le parcmètre?	**Czy ma pan[i] żetony do parkometru?**	tché ma pan **[pa**gni] jè**to**né do parko**mè**trou

LOCATION DE VOITURES, voir page 20

Pannes—Assistance routière *Awaria—Pomoc drogowa*

Si vous avez besoin d'assistance routière, cherchez *pomoc drogowa* dans l'annuaire local; ils pourront remorquer votre voiture jusqu'au garage le plus proche. Si vous avez l'intention de faire de nombreux trajets en voiture, il serait prudent de vous renseigner sur les services offerts par l'association routière polonaise (*Polski Zwiłzek Motorowy—PZMot*).

Où se trouve le garage le plus proche?	**Gdzie jest najbliższy warsztat samochodowy/stacja obsługi?**	gdz^{y}è yèst nay**blich**chè **varch**tat samoKHO**do**vé/ **sta**tsya obs^{OU}**ou**gi
Ma voiture est tombée en panne.	**Zepsuł mi się samochód.**	**zè**psou^{OU} mi s^{y}è samo**KH**out
Où puis je téléphoner?	**Skąd mogę zadzwonić?**	skont **mo**gè za**dzvo**gnits^{y}
Je suis tombé(e) en panne à...	**Samochód mi się zepsuł w...**	samo**KH**out mi s^{y}è **zè**psou^{OU} v
Pouvez-vous m'envoyer un mécanicien?	**Czy może tu przyjechać mechanik?**	tché **mo**jè tou pché**yè**KHats^{y} mè**KHa**gnik
Je n'arrive pas à démarrer.	**Mój samochód nie chce zapalić.**	mouy sa**mo**KHout gnè KHtsè za**pa**lits^{y}
La batterie est à plat.	**Akumulator się wyczerpał.**	akoumou**la**tor s^{y}è vé**tchèr**pa^{OU}
Je n'ai plus d'essence.	**Skończyła mi się benzyna.**	skogn**tché**^{OU}a mi s^{y}è bèn**zé**na
J'ai un pneu à plat.	**Mam przebitą oponę.**	mam pchè**bi**to^{n} o**po**nè
Le moteur chauffe.	**Silnik się przegrzał.**	**s^{y}il**gnik s^{y}è **pchè**gja^{OU}
J'ai un problème avec...	**Coś się zepsuło w...**	tsos^{y} s^{y}è zè**psou**^{OU}o v
carburateur	**gaźniku**	**gaz^{y}gni**kou
freins	**hamulcach**	KHa**moul**tsaKH
pot d'échappement	**rurze wydechowej**	**rou**jè védè**KHo**vèy
radiateur	**chłodnicy**	KH^{OU}od**gni**tsé
roue	**kole/kierownicy**	**ko**lè/kyèrov**gni**tsé
Pouvez-vous m'envoyer une dépanneuse?	**Czy może pan[i] przysłać samochód do holowania?**	tché **mo**jè **pan** [**pa**gni] **pchés**^{OU}ats^{y} sa**mo**KHout do KHolo**va**gna
Combien de temps faut-il compter?	**Jak długo to zajmie?**	yak **d**^{OU}**ou**go to **zay**myè

Pouvez-vous me faire un devis?	**Czy może mi pan[i] powiedzieć mniej wiecej?**	tché mojè mi pan [pagni] povyèdz^{y}èts^{y} mgnèy vyèntsèy

Accident—Police *Wypadek—Policja*

Appelez la police, s.v.p.	**Proszę wezwać policję.**	prochè vezvats^{y} politsyè
Il y a eu un acident à environ 2 km de...	**Zdarzył się wypadek, około dwóch kilometrów od...**	zdajé^{OU} s^{y}è vépadèk oko^{OU}o dvouKH kilomètrouf ot
Où y a-t-il un téléphone?	**Gdzie jest telefon?**	gdz^{y}è yèst tèlèfon
Appelez d'urgence un médecin/une ambulance.	**Proszę szybko wezwać lekarza/pogotowie.**	prochè szépko vezvats^{y} lekaja/pogotovyè
Il y a des blessés.	**Są ranni.**	so^{n} rangni
Voici mon permis de conduire.	**Oto moje prawo jazdy.**	oto moyè pravo yazdé
Quels sont vos nom et adresse?	**Pana [Pani] nazwisko i adres?**	pana [pagni] nazvisko i adrès
Quelle est le nom de votre compagnie d'assurance?	**Gdzie jest pan[i] ubezpieczony (ubezpieczona)?**	gdz^{y}è yèst pan [pagni] oubespyèchoné (oubespyèchona)

Panneaux routiers *Znaki drogowe*

DROGA BEZ PRZEJADU	cul-de-sac
KONIEC	fin d'interdiction
MIĘKKIE POBOCZE	pas d'accotement
NAUKA JAZDY	auto-école
NIEBEZPIECZNY ZAKRĘT	virage dangereux
NIE ZASTAWIAĆ	ne pas bloquer
OGRANICZENIE PRĘDKOŚCI	ralentir
POLICJA	police
PRZEJAZD KOLEJOWY BEZ ZAPÓR	passage à niveau non protégé
ROBOTY DROGOWE	attention travaux
RUCH JEDNOKIERUNKOWY	sens unique
UWAGA DZIECI	école
UWAGA TRAMWAJ	attention au tram
ZAKAZ PARKOWANIA	interdiction de stationner
ZAKAZ WJAZDU	sens interdit
ZAKAZ WYPRZEDZANIA	interdiction de doubler
ZAKAZ ZAWRACANIA	interdiction de faire demi-tour

Visites touristiques

Il y a un office de tourisme dans toutes les grandes villes. Les agences de voyage locales telles que Orbis, Turysta ou Gromada pourront aussi vous être utiles. Les plans de ville sont généralement affichés dans les gares et les gares routières. Les musées sont en général ouverts du mardi au dimanche de 10 heures à 18 heures mais les jours et les heures d'ouverture peuvent varier, et il vaut donc mieux s'en assurer à l'avance.

Où est l'office du tourisme?	**Gdzie jest informacja turystyczna?**	gdz^{y}è yèst infor**ma**tsya touré**sté**tchna
Quelles sont les curiosités principales?	**Co tu warto zobaczyć?**	tso tou **var**to zo**ba**tchéts^{y}
Nous sommes ici pour...?	**Będziemy tu...**	bèn**dz^{y}è**mé tou
quelques heures seulement	**tylko kilka godzin**	**tyl**ko **kil**ka **go**dz^{y}in
un jour	**dzień**	dz^{y}ègn
une semaine	**tydzień**	**té**dz^{y}ègn
Pouvez-vous nous conseiller une visite de la ville/une excursion?	**Czy może nam pan[i] polecić wycieczki po mieście/wycieczki po okolicy?**	tché **mo**jè nam pan [**pa**gni] po**lè**ts^{y}its^{y} véts^{y}**è**tchki po **myès^{y}ts^{y}è**/véts^{y}**è**tchki po oko**li**tsé
D'où partons-nous?	**Skąd odjeżdżamy?**	skont odyè**jdja**mé
Le bus nous prendra-t-il à l'hôtel?	**Czy autobus zabierze nas z hotelu?**	tché aou**to**bous za**byè**jè nas s KHo**tè**lou
Quel est le coût de la visite/l'excursion?	**Ile kosztuje ta wycieczka?**	**i**lè ko**chtou**yè ta véts^{y}**è**tchka
A quelle heure commence la visite?	**O której zaczyna się ta wycieczka?**	o **ktou**rèy za**ché**na s^{y}è ta véts^{y}**è**tchka
Le déjeuner est-il compris?	**Czy obiad jest wliczony w cenę?**	tché **o**byat yèst vli**tcho**né f **tsè**nè
A quelle heure serons-nous de retour?	**O której wrócimy?**	o **ktou**rèy vrou**ts^{y}i**mé
Aurons-nous un peu de temps libre à...?	**Czy będziemy mieli czas wolny w...?**	tché bèn**dz^{y}è**mé **myè**li tchas **vol**né f

Y a-t-il un guide qui parle français?	**Czy jest przewodnik mówiący po francusku?**	tché yèst pchè**vod**gnik mou**vion**tsy po fran**tsou**skou
Où est/Où sont…?	**Gdzie jest/Gdzie są…?**	gdz^{y}è yèst/gdz^{y}è so^{n}
abbaye	**opactwo**	**o**pa**ts**tfo
bâtiment	**budynek**	bou**dé**nèk
bibliothèque	**biblioteka**	biblyo**tè**ka
bourse	**giełda**	**gyè**^{OU}da
catacombes	**lochy**	**lo**KHé
cathédrale	**katedra**	ka**tè**dra
centre-ville	**centrum miasta**	**tsèn**troum **mya**sta
chapelle	**kaplica**	ka**pli**tsa
château	**zamek**	**za**mèk
cimetière	**cmentarz**	**tsmèn**tach
couvent	**klasztor**	**klach**tor
église	**kościół**	**kos**^{y}ts^{y}ou^{OU}
exposition	**wystawa**	vé**sta**va
fabrique	**zakład/fabryka**	**zak**^{OU}at/fa**bré**ka
foire	**targ**	tark
fontaine	**fontanna**	fon**tan**na
forteresse	**cytadela**	tséta**dè**la
galerie de peinture	**galeria sztuki**	ga**lè**rya **chtou**ki
grotte	**jaskinia**	yas**ki**gna
hôtel de ville	**ratusz**	**ra**touch
jardins	**ogrody**	o**gro**dé
jardins botaniques	**ogród botaniczny**	**o**grout bota**gni**tchné
lac	**jezioro**	yè**z**^{y}**o**ro
marché	**rynek**	**ré**nèk
marché aux puces	**pchli targ**	pKHli tark
monastère	**klasztor**	**klach**tor
monument	**pomnik**	**pom**gnik
musée	**muzeum**	mou**zè**oum
opéra	**opera**	o**pè**ra
palais	**pałac**	**pa**^{OU}ats
palais de justice	**sąd**	sont
palais royal	**zamek królewski**	**za**mèk krou**lèf**ski
parc	**park**	park
parlement	**Sejm**	sèym
place	**plac**	plats
planétarium	**planetarium**	planè**ta**ryoum
port	**port/przystań**	port/**pché**stagn
quai	**nabrzeże**	nab**jè**jè
quartier commerçant	**centrum handlowe**	**tsèn**troum KHand**lo**vè
quartier des affaires	**dzielnica biur i urzędów**	dz^{y}el**gni**tsa byour i ou**jèn**douf

quartier des artistes	**dzielnica artystów**	dz^{y}elgnitsa artéstouf
ruines	**ruiny**	rouiné
salle de concerts	**sala koncertowa**	sala kontsertova
stade	**stadion**	stadyon
statue	**pomnik**	pomgnik
théâtre	**teatr**	tèatr
tombe	**grób**	group
tour	**wieża**	vyèja
université	**uniwersytet**	ougnivèrsytèt
vieille ville	**stare miasto**	starè myasto
zoo	**zoo**	zoo

A l'entrée *Wstęp*

Est-ce que... est/sont ouvert(e/s) le dimanche?	**Czy... jest otwarty w niedzielę?**	tché...yèst otfarté v gnèdz^{y}èlè
Quelles sont les heures d'ouverture?	**Jakie są godziny otwarcia?**	yakyè so^{n} godz^{y}iné otfarts^{y}a
A quelle heure ferme-t-il/elle?	**Do której jest otwarte?**	do ktourèy yèst otfartè
Combien coûte l'entrée?	**Ile kosztuje wstęp?**	ilè kochtouyè fstèmp
Y a-t-il des réductions pour les...?	**Czy jest zniżka dla...?**	tché yèst zgnichka dla
enfants	**dzieci**	dz^{y}èts^{y}i
étudiants	**studentów**	stoudèntouf
groupes	**wycieczek**	véts^{y}ètchèk
handicapés	**niepełnosprawnych**	gnèpè^{OU}nosprawnéKH
retraités	**emerytów i rencistów**	èmèrétouf i rènts^{y}istouf
Avez-vous un guide en français?	**Czy ma pan[i] przewodnik po francusku?**	tché ma pan [pagni] pchèvodgnik po frantsouskou
Puis-je acheter un catalogue?	**Czy mogę kupić katalog?**	tché mogè koupits^{y} katalok
Est-il permis de prendre des photos?	**Czy można tu robić zdjęcia?**	tché mojna tou robits^{y} zdyègnts^{y}a
Est-ce qu'il y a un accès facile pour les handicappés?	**Czy są udogodnienia dla niepełnosprawnych?**	tché so^{n} oudogodgn^{y}èn^{y}a dla gnèpè^{OU}nosprawnéKH
Est-ce qu'il y a des facilités pour les enfants?	**Czy jest tutaj kącik dla dzieci?**	tché yèst toutay ko^{n}tchik dla dz^{y}èts^{i}

WSTĘP WOLNY	ENTRÉE GRATUITE
ZAKAZ FOTOGRAFOWANIA	APPAREILS-PHOTOS INTERDITS

Qui—Quoi—Quand? *Kto—Co—Kiedy*

Quel est ce bâtiment?	**Co to za budynek?**	tso to za bou**dé**nèk
Qui en est le/l'...?	**Jak się nazywał...?**	yak s^{y}è na**zé**va^{OU}
architecte	**architekt**	arKHitèkt
artiste	**artysta**	ar**tés**ta
peintre	**malarz**	**ma**lach
sculpteur	**rzeźbiarz**	**jèz**^{y}byach
Qui l'a construit?	**Kto to zbudował?**	kto to zbou**do**va^{OU}
Qui a peint ce tableau?	**Kto namalował ten obraz?**	kto nama**lo**va^{OU} tèn **o**bras
A quelle époque vivait-il?	**Kiedy on żył?**	**kyè**dé on jé^{OU}
A quand remonte la construction?	**Kiedy to zbudowano?**	**yè**dé to zboudo**va**no
Où est la maison où vivait...?	**Gdzie jest dom, w którym mieszkał...?**	gdz^{y}è yèst dom f **ktou**rém **myè**chka^{OU}
Nous nous intéressons à/aux...	**Interesuje/Interesują nas...**	intèrè**sou**yè/intèrè**sou**jo^{n} nas
antiquités	**antyki**	an**té**ki
archaéologie	**archeologia**	arKHèo**lo**gya
art	**sztuka**	**chtou**ka
artisanat	**rękodzieło**	renko**dz**^{y}**è**^{OU}o
beaux-arts	**sztuki piękne**	**chtou**ki **pyèn**knè
botanique	**botanika**	bo**ta**gnika
céramique	**ceramika**	tsè**ra**mika
géologie	**geologia**	gèo**lo**gya
histoire	**historia**	KHis**to**rya
histoire naturelle	**przyroda**	pché**ro**da
médecine	**medycyna**	mèdé**tsé**na
mobilier	**meble**	**mè**blè
musique	**muzyka**	mou**zé**ka
numismatique	**monety**	mo**nè**té
ornithologie	**ornitologia**	orgnito**lo**gya
peinture	**malarstwo**	ma**lar**stfo
poterie	**garncarstwo**	garnt**sar**stfo
religion	**religia**	rè**li**gya
sculpture	**rzeźba**	**jèz**^{y}ba
zoologie	**zoologia**	zo-o**lo**gya

Où est la section de...?	**Gdzie jest dział...?**	gdz^{y}è yèst dz^{y}a^{OU}
C'est...	**To jest...**	to yèst
affreux	**straszne**	strachnè
beau	**piękne**	pyènknè
étrange	**dziwne**	dz^{y}ivnè
formidable	**ogromne**	ogromnè
impressionnant	**imponujące**	imponouyontsè
intéressant	**interesujące**	intèrèsouyontsè
joli	**ładne**	^{OU}adnè
laid	**brzydkie**	bjédkyè
magnifique	**wspaniałe**	fspagna^{OU}è
sinistre	**ponure**	ponourè
stupéfiant	**zdumiewające**	zdoumyèvayontsè
superbe	**doskonałe**	doskona^{OU}è
terrifiant	**przerażające**	pchèrajayontsè

Églises—Services religieux *Kościoły—Nabożeństwa*

La Pologne est un pays où le catholicisme domine, et l'église a toujours joué un rôle important à travers l'histoire mouvementée de la Pologne. Les heures des services sont affichées devant les églises ou près de l'entrée.
Les églises orthodoxes de l'est se trouvent principalement dans l'est du pays. Dans les grandes villes, il y a aussi des temples protestants et des synagogues.

Y a-t-il un/une... près d'ici?	**Czy jest tu w pobliżu...?**	tché yèst tou f poblijou
église catholique	**kościół katolicki**	kos^{y}ts^{y}ou^{OU} katolitski
temple protestant	**kościół protestancki**	kos^{y}ts^{y}ou^{OU} protèstantski
mosquée	**meczet**	mèchèt
synagogue	**synagoga**	sénagoga
A quelle heure est le/la...?	**O której godzinie jest...?**	o ktourèy godz^{y}ignè yèst
messe/service	**msza/nabożeństwo**	mcha/nabojègnstfo
Où puis-je trouver un... qui parle français?	**Gdzie mogę znaleźć... mówiącego po francusku?**	gdz^{y}è mogè znales^{y}ts^{y}... mouvyontsègo po frantsouskou
prêtre/pasteur/rabbin	**księdza/pastora/rabina**	ks^{y}èndza/pastora/rabina
Je voudrais visiter l'église.	**Chciał(a)bym pójść do kościoła.**	KHts^{y}a^{OU}bém (KHts^{y}a^{OU}abém) pouys^{y}ts^{y} do kos^{y}ts^{y}o^{OU}a

A la campagne *Na wsi*

Y a-t-il une route touristique pour...?	**Czy jest jakiś ładny szlak do...?**	tché yèst **ya**kis^{y} ^{OU}**ad**né chlak do
A quelle distance sommes-nous de...?	**Jak daleko jest do...?**	yak da**lè**ko yèst do
Pouvons-nous y aller à pied?	**Czy można tam iść piechotą?**	tché **mo**jna tam is^{y}ts^{y} pyè**kho**to^{n}
Quelle est l'altitude de cette montagne?	**Jak wysoka jest ta góra?**	yak vé**so**ka yèst ta **gou**ra
C'est quel type de/ d'...?	**Co to za...?**	tso to za
animal	**zwierzę**	**zvyè**jè
arbre	**drzewo**	**djè**vo
fleur	**kwiat**	kfyat
oiseau	**ptak**	ptak

Points de repère *Obiekty w terenie*

bois	**las**	las
cascade	**wodospad**	vo**dos**pat
champ	**pole**	**po**lè
chemin	**ścieżka**	**s^{y}ts^{y}èch**ka
col	**przełęcz**	**pchè**^{OU}èntch
colline	**wzgórze**	**vzgou**jè
étang	**staw**	staf
falaise	**skała**	**ska**^{OU}a
ferme	**gospodarstwo**	gospo**dar**stfo
forêt	**las**	las
jardin	**ogród**	**og**rout
lac	**jezioro**	yè**z^{y}o**ro
maison	**dom**	dom
mer	**morze**	**mo**jè
montagne	**góra**	**gou**ra
mur	**ściana**	s^{y}**ts^{y}a**na
pic	**szczyt**	chtchét
pont	**most**	most
prairie	**łąka**	^{OU}**on**ka
rivière	**rzeka**	**jè**ka
route	**droga**	**dro**ga
sentier	**ścieżka**	s^{y}**ts^{y}èch**ka
source	**źródło**	z^{y}**roud**^{OU}o
vallée	**dolina**	do**li**na
vigne	**winnica**	vin**gni**tsa
village	**miejscowość**	myèy**stso**vos^{y}ts^{y}

POUR DEMANDER SON CHEMIN, voir page 76

Distractions

Cinéma—Théâtre *Kina—Teatr*

La plupart des films étrangers sont en version originale sous-titrée en polonais. Les films pour enfants sont en général doublés. Il y a plusieurs séances par jour et les billets sont bon marché.

Qu'y a-t-il ce soir au cinéma?	**Co dzisiaj jest w kinie?**	tso **dz^{y}is^{y}yay** yèst f **ki**gnè
Qu'est-ce qu'on joue au théâtre?	**Co dzisiaj grają w teatrze?**	tso **dz^{y}is^{y}ay gra**jo^{n} f **teat**chè
C'est quel genre de pièce?	**Co to za sztuka?**	tso to za **chtou**ka
Qui en est l'auteur?	**Kto ją napisał?**	kto jo^{n} **napi**sa^{ou}
Pouvez-vous me conseiller un/une...?	**Czy może mi pan[i] polecić jakiś...?**	tché **mo**jè mi pan [**pa**gni] po**lè**ts^{y}its^{y} **ya**kis^{y}
bon film	**dobry film**	**do**bré film
comédie	**komedię**	ko**mè**dyè
comédie musicale	**musical**	mou**zi**kal
Où passe-t-on le nouveau film de...?	**Gdzie grają ten nowy film...?**	gdz^{y}è **gra**yo^{n} tèn **no**vé film
Qui en sont les acteurs?	**Kto w nim gra?**	kto w gnim gra
Qui joue le rôle principal?	**Kto gra główną rolę?**	kto gra **g^{ou}ouv**no^{n} **ro**lè
Qui est le metteur en scène?	**Kto jest reżyserem?**	kto yèst rèjé**sè**rèm
Dans quel théâtre joue-t-on la nouvelle pièce de...?	**W jakim teatrze grają tę nową sztukę...?**	w **ya**kim tè**at**chè **gra**yo^{n} tè **no**vo^{n} **chtou**kè
A quelle heure le spectacle commence-t-il?	**O której to jest?**	o **ktou**rèy to yèst
Y a-t-il (encore) des places pour ce soir?	**Czy są wolne miejsca na dzisiaj?**	tché so^{n} **vol**nè **myèy**stsa na **dz^{y}is^{y}**ay
Quel est le prix des places?	**Ile kosztują bilety?**	**i**lè ko**chtou**jo^{n} bi**lè**té

Je voudrais réserver deux places pour le spectacle de vendredi soir.	**Chciał(a)bym zarezerwować dwa miejsca na piątek wieczór.**	KHts^{y}a^{OU}bém (KHts^{y}a^{OU}abém) zarèzèr**vo**vats^{y} dva **myèy**stsa na **pyon**tèk **vyè**tchour
Je voudrais un billet pour la matinée de mardi?	**Poproszę bilet na poranek we wtorek.**	po**pro**chè **bi**lèt na po**ra**nèk ve **fto**rèk
Je voudrais une place au parterre.	**Poproszę miejsca na parterze.**	po**pro**chè **myèy**stsa na par**tè**jè
Pas trop loin.	**W przednich rzędach.**	f **pchèd**niKH **jèn**daKH
Vers le milieu.	**Gdzieś w środku.**	gdz^{y}ès^{y} f **s^{y}rot**kou
Combien coûtent les places au balcon?	**Ile kosztują miejsca na balkonie?**	ilè koch**tou**jo^{n} **myèy**stsa na bal**ko**gnè
Puis-je avoir un programme, s.v.p.?	**Poproszę o program?**	po**pro**chè o **pro**gram
Où est le vestiaire?	**Gdzie jest szatnia?**	gdz^{y}è yèst **chat**gna

Przyko mi, ale bilety są wyprzedane.	Je suis désolé(e), c'est complet.
Zostało tylko kilka miejsc na balkonie.	Il ne reste que quelques places au balcon.
Poproszę bilet.	Votre billet, s.v.p.
To jest pana/pani miejsce.	Voilà votre place.

Opéra—Ballet—Concert *Opera—Balet—Koncert*

Pouvez-vous me/nous recommander un/une...?	**Czy może mi pan[i] polecić...?**	tché **mo**jè mi pan [**pa**gni] po**lè**ts^{y}its^{y}
ballet	**jakiś balet**	**ya**kis^{y} **ba**lèt
concert	**jakiś koncert**	**ya**kis^{y} **kon**tsèrt
opéra	**jakąś operę**	**ya**ko^{n}s^{y} o**pè**rè
opérette	**jakąś operetkę**	**ya**ko^{n}s^{y} opè**rèt**kè
Où est l'opéra/la salle de concerts?	**Gdzie jest opera/filharmonia?**	gdz^{y}è yèst o**pè**ra/filKHar**mo**gna
Qu'y a-t-il ce soir à l'opéra?	**Co dzisiaj grają w operze?**	tso **dz^{y}is^{y}ay gra**jo^{n} w o**pè**jè

JOURS DE LA SEMAINE, voir page 151

Qui chante/danse?	**Kto śpiewa/tańczy?**	kto **s^{y}p^{y}è**va/**tagn**tché
Quel est le nom de l'orchestre?	**Jaka gra orkiestra?**	yaka gra or**kyè**stra
Que joue-t-on?	**Co grają?**	tso **gra**jo^n
Qui est le chef d'orchestre/le soliste?	**Kto dyryguje/Kto jest solistą?**	kto déré**gou**yè/kto yèst so**lis**to^n

Boîtes de nuit—Discothèques *Klub nocny—Dyskoteki*

Vous trouverez plusieurs boîtes de nuit dans la plupart des grandes villes polonaises. Certaines ont des restaurants, et il peut aussi y avoir un programme de divertissement avec de la danse. Certains restaurants organisent parfois un autre type de distractions nocturnes appelé *dancing*, qui commence en général autour de 22h. La plupart des grands hôtels ont habituellement une boîte de nuit offrant de la musique et des boissons chères. Les jeunes gens préfèrent les discothèques (*dyskoteka*), tandis que, dans certaines villes, les casinos sont plus populaires.

Pouvez-vous me recommander une bonne boîte de nuit?	**Czy może mi pan[i] polecić dobry klub nocny?**	tché **mo**jè mi pan [**pa**gni] po**lè**ts^{y}its^y **do**bré kloup **no**tsné
Y a-t-il un spectacle de cabaret?	**Czy jest tam program artystyczny?**	tché yèst tam **pro**gram arté**sté**chné
A quelle heure commence le spectacle?	**O której zaczyna się program?**	o **ktou**rèy za**ché**na s^{y}è **pro**gram
La tenue de soirée est-elle exigée?	**Czy obowiązuje strój wieczorowy?**	tché obovyo^n**zou**yè strouy vyètcho**ro**vé
Où pouvons-nous aller danser?	**Gdzie można tu pójść potańczyć?**	gdz^{y}è **moj**na tou pouys^{y}ts^y po**tagn**chéts^y
Y a-t-il une discothèque en ville?	**Czy jest tu gdzieś dyskoteka?**	tché yèst tou gdz^{y}ès^y désko**tè**ka

Sports *Sporty*

Le football est sans aucun doute le sport national le plus populaire en Pologne. Le volleyball et le basketball sont aussi des sports très appréciés des spectateurs, et les compétitions d'athlétisme attirent toujours les foules.

En été, on apprécie la pêche et les sports nautiques tels que la natation, la planche à voile et la voile, et il y a régulièrement des régates et des courses de bateaux. Dans le sud de la Pologne, on peut faire de l'escalade et d'excellentes marches en montagne pendant toute l'année. En hiver, le ski est très populaire.

Y a-t-il un match de football quelque part samedi?	**Czy jest gdzieś mecz piłkarski w sobotę?**	tché yèst gdz^{y}ès^{y} mètch pi^{OU}**karski** f so**bo**tè
Quelles sont les équipes?	**Kto z kim gra?**	kto s kim gra
Pouvez-vous me procurer un ticket?	**Czy może pan[i] dla mnie kupić bilet?**	tché **mo**jè pan [**pa**gni] dla mgnè **kou**pits^{y} **bi**lèt

alpinisme	**taternictwo/alpinizm**	tatèr**gni**tstfo/al**pi**gnizm
basket-ball	**koszykówka**	koché**kouf**ka
boxe	**boks**	boks
course automobile	**wyścigi samochodowe**	vès^{y}**ts**^{y}igi samoкнo**do**vè
course de chevaux	**wyścigi konne**	vès^{y}**ts**^{y}igi **kon**nè
cyclisme	**kolarstwo**	ko**lar**stfo
équitation	**jeździectwo**	yès^{y}**dz**^{y}**è**tstfo
football	**piłka nożna**	**pi**^{OU}ka **noj**na
natation	**pływanie**	p^{OU}é**va**gnè
ski	**narciarstwo**	nar**ts**^{y}**yar**stfo
tennis	**tenis**	**tè**gnis
volley-ball	**siatkówka**	s^{y}at**kouf**ka

Je voudrais voir un match de boxe.	**Chciał(a)bym zobaczyć mecz bokserski.**	кнts^{y}**a**^{OU}bém (кнts^{y}**a**^{OU}abém) zoba**tché**ts^{y} mètch bok**sèr**ski
Quel est le prix de l'entrée?	**Ile kosztuje wstęp?**	ilè ko**chtou**yè fstemp
Où est le terrain de golf le plus proche?	**Gdzie jest najbliższe pole golfowe?**	gdz^{y}è yèst nay**blich**-chè polè gol**fo**vè
Où sont les courts de tennis?	**Gdzie są korty tenisowe?**	gdz^{y}è so^{n} **kor**té tègni**so**vè
Quel est le tarif par...?	**Ile wynosi opłata za...?**	ilè wé**no**s^{y}i op^{OU}**a**ta za
jour/partie/heure	**dzień/rundę/godzinę**	dz^{y}ègn/**roun**dè/go**dz**^{y}inè

Puis-je louer des raquettes?	**Czy mogę wypożyczyć rakiety?**	tché **mogè vépojé**tchéts^{y} ra**kyè**té
Où est le champ de courses?	**Gdzie jest tor wyścigowy?**	gdz^{y}è yèst tor vés^{y}ts^{y}i**gové**
Y a-t-il un bon endroit pour pêcher/ chasser dans les environs?	**Gdzie można by tu pójść na ryby/polowanie?**	gdz^{y}è **mo**jna bé tou pouys^{y}ts^{y} na **rébé**/ polo**va**gnè
Est-ce que j'ai besoin d'un permis?	**Czy potrzebuję na to zezwolenie?**	tché potchè**bou**yè na to zezvo**lè**gnè
Où puis-je m'en procurer un?	**Gdzie je mogę dostać?**	gdz^{y}è yè **mogè dos**tats^{y}
Peut-on se baigner dans le lac/la rivière?	**Czy w jeziorze/ rzece można pływać?**	tché w yè**z^{y}o**jè/**jè**tsè **mo**jna p^{OU}**é**vats^{y}
Y a-t-il une piscine ici?	**Czy jest tu basen?**	tché yèst tou **ba**sèn
Est-elle en plein air ou couverte?	**Czy to jest basen otwarty czy kryty?**	tché to yèst **ba**sèn ot**far**té tché **kré**té
Est-elle chauffée?	**Czy woda jest podgrzewana?**	tché **vo**da yèst podgjè**va**na
Quelle est la température de l'eau?	**Jaka jest temperatura wody?**	**ya**ka yèst tèmpèra**tou**ra **vo**dé
Y a-t-il une plage de sable?	**Czy jest tu piaszczysta plaża?**	tché yèst tou pyach**tchés**ta **pla**ja

A la plage *Na plaży*

La Pologne a de nombreuses et grandes plages. En été elles sont très fréquentées par les touristes à la recherche de soleil, et en automne on peut y faire de longues promenades agréables.

Peut-on se baigner sans danger?	**Czy można tu bezpiecznie pływać?**	tché **mo**jna tou bes**pyètch**gnè p^{OU}**é**vats^{y}
La baignade est-elle surveillée?	**Czy jest tu ratownik?**	tché yèst tou ra**tov**gnik
Est-ce sans danger pour les enfants?	**Czy jest tu bezpiecznie dla dzieci?**	tché yèst tou bes**pyètch**gnè dla **dz^{y}è**ts^{y}i
La mer est très calme.	**Morze jest bardzo spokojne.**	**mo**jè yèst **bar**dzo spo**koy**nè
Il y a de grosses vagues.	**Są duże fale.**	so^{n} **dou**jè **fa**lè

Y a-t-il des courants dangereux?	**Czy są tu niebezpieczne prądy?**	tché so^{n} tou gnèbèspyètchnè prondé
A quelle heure est la marée haute/basse?	**Kiedy jest czas przypływu/ odpływu?**	kyèdé yèst tchas pchép^{OU}évou/odp^{OU}évou
Je voudrais louer...	**Chcę wynająć...**	KHtsè wénajonts^{y}
barque	**łódź wiosłową**	^{OU}outs^{y} wyos^{OU}ovo^{n}
cabine de bain	**kabinę**	kabinè
canot à moteur	**motorówkę**	motoroufkè
chaise longue	**leżak**	lèjak
matériel de plongée sous-marine	**sprzęt do nurkowania**	spchènt do nourkovagna
parasol	**parasol plażowy**	parasol plajové
planche à voile	**windsurfing**	ouindsèrfink
planche de surf	**deskę surfingową**	dèskè sèrfingovo^{n}
ski nautique	**narty wodne**	narté vodnè
voilier	**żaglówkę**	jagloufkè

ZAKAZ PŁYWANIA
BAIGNADE INTERDITE

Sports d'hiver *Sporty zimowe*

Y a-t-il une patinoire près d'ici?	**Czy jest tu gdzieś lodowisko?**	tché yèst tou gdz^{y}ès^{y} lodovisko
Je voudrais faire du ski.	**Chciał(a)bym pojeździć na nartach.**	KHts^{y}a^{OU}bém (KHts^{y}a^{OU}abém) poyez^{y}dz^{i}ts^{y} na nartaKH
ski de piste (de descente)/de fond	**narciarstwo zjazdowe (alpejskie)/ biegi narciarskie**	nartsyarstfo zyazdovè (alpèyskyè)/byègi narts^{y}arskyè
Puis-je prendre des leçons de ski?	**Czy mogę wziąć lekcje jazdy na nartach?**	tché mogè vz^{y}onts^{y} lektsyè yazdé na nartaKH
Y a-t-il des remontées mécaniques (tire-fesses)?	**Czy są tu wyciągi?**	tché so^{n} tou véts^{y}ongi
Je voudrais louer...	**Chcę wynająć...**	KHtsè vénayonts^{y}
bâtons	**kijki**	kiyki
chaussures de ski	**buty narciarskie**	bouté narts^{y}yarskyè
matériel de ski	**sprzęt narciarski**	spchènt narts^{y}arski
patins	**łyżwy**	^{OU}éjvé
skis	**narty**	narté

Faire connaissance

Présentations *Przedstawianie się*

Vous ne devriez pas avoir de problèmes pour vous faire des amis en Pologne car les Polonais ont la réputation d'être très aimables et hospitaliers. Souvenez-vous qu'en Pologne il est impoli d'employer le prénom pour s'adresser à quelqu'un que l'on ne connaît pas très bien. En polonais, on emploie la forme *pan* pour les hommes et *pani* pour les femmes, qui correspond à Monsieur et Madame.

Puis-je vous présenter…?	**To jest…**	to yèst
Je m'appelle…	**Nazywam się…**	naz**é**vam s^{y}è
Enchanté(e)!	**Miło mi pana [panią] poznać.**	**mi**^{OU}o mi **pa**na [**pa**gnom] **poz**nats^{y}
Comment vous appelez-vous?	**Jak się pan[i] nazywa?**	yak s^{y}è pan [**pa**gni] naz**é**va
Comment allez-vous?	**Jak się pan[i] miewa?**	yak s^{y}è pan [**pa**gni] **myè**va
Très bien, merci, et vous?	**Dziękuję dobrze, a pan[i]?**	dz^{y}èn**kou**yè **do**bjè, a pan [**pa**gni]

Pour rompre la glace *Ciąg dalszy*

Depuis combien de temps êtes-vous ici?	**Od jak dawna państwo tu są?**	ot yak **dav**na **pagn**stfo tou so^{n}
Nous sommes ici depuis une semaine.	**Jesteśmy tutaj od tygodnia.**	yes**tes^{y}**mé **tou**tay ot té**god**gna
Est-ce votre premier séjour ici?	**Czy to państwa pierwsza wizyta tutaj?**	tché to **pagn**stfa **pyèrf**cha vi**zé**ta **tou**tay
Non, nous sommes déjà venus l'année dernière.	**Nie, byliśmy tu w zeszłym roku.**	gnè bé**lis^{y}**mé tou v **zèch**^{OU}ém **ro**kou
Que pensez-vous du pays/des gens?	**Co pan[i] sądzi o kraju/ludziach?**	tso pan [**pa**gni] **son**dz^{y}i o **kra**you/**lou**dzyaкн
D'où venez-vous?	**Skąd pan[i] pochodzi?**	skont pan [**pa**gni] po**кно**dz^{y}i
Je viens de…	**Jestem z…**	**yès**tèm s

De quelle nationalité êtes-vous?	**Jakiej narodowośći jest pan[i]?**	yakyèy narodo**vos**^{y}ts^{y}i yèst pan /**pa**gni
Je suis…	**Jestem…**	**yè**stèm…
Belge	**Belgiem/Belgijką**	**bèl**gyèm/bèl**giy**ko^{n}
Canadien(ne)	**Kanadyjczykiem (Kanadyjką)**	kanadéy**tché**kyèm (kana**déy**jko^{n})
Français(e)	**Francuzem (Francuzką)**	fran**tsou**zèm (fran**tsou**sko^{n})
Suisse(sse)	**Szwajcarem (Szwajcarką)**	chfay**tsa**rèm (chfay**tsar**ko^{n})
Où logez-vous?	**Gdzie pan[i] tu mieszka?**	gdz^{y}è pan [**pa**gni] tou **myè**chka
Êtes-vous seul(e) ici?	**Czy jest pan[i] sam[a]?**	tché yèst pan [**pa**gni] sam [**sa**ma]
Je suis avec mon/ma/mes…	**Jestem z…**	**yè**stèm z
femme/mari	**żoną/mężem**	**jo**no^{n}/**mè**^{n}jèm
famille	**rodziną**	rodz^{i}no^{n}
enfants	**dziećmi**	dz^{y}**è**ts^{y}mi
parents	**rodzicami**	rodz^{y}**itsa**mi
(petit/e) ami(e)	**dziewczyną/ chłopakiem**	dz^{y}èf**tché**no^{n}/KH^{OU}**opa**kyèm

père/mère	**ojciec/matka**	**oy**ts^{y}èts/**mat**ka
fils/fille	**syn/córka**	sén/**tsour**ka
frère/sœur	**brat/siostra**	brat/**syo**stra
oncle/tante	**wuj/ciocia**	vouy/**ts**^{y}**o**ts^{y}a
neveu/nièce	**siostrzeniec/ siostrzenica**	syost**-chè**gnèts/syost-chè**gni**tsa
cousin(e)	**kuzyn/kuzynka**	**kou**zén/kou**zén**ka

Êtes-vous marié(e)?	**Czy jest pan żonaty [pani mężatką]?**	tché yèst pan jo**na**té [**pa**gni mè^{n}**jat**ko^{n}]
Avez-vous des enfants?	**Czy ma pan[i] dzieci?**	tché ma pan [**pa**gni] **dz**^{y}**è**ts^{y}i
Que faites-vous (dans la vie)?	**Czym się pan[i] zajmuje?**	tchèm s^{y}è pan [**pa**gni] zay**mou**yè
Je suis étudiant(e).	**Jestem studentem (studentką).**	**yè**stèm stou**dèn**tèm (stou**dent**ko^{n})
Je suis ici en voyage d'affaires/vacances.	**Jestem tu służbowo/na wakacjach.**	**yè**stèm tou s^{OU}ouj**bo**vo/na vaka**tsya**KH

PAYS, voir page 146

Le temps *Pogoda*

Quelle belle journée!	**Co za piękny dzień!**	tso za pyènkné dz^{y}ègn
Quel temps horrible!	**Jaka okropna pogoda!**	yaka okropna pogoda
Qu'il fait froid!/Quelle chaleur!	**Zimno/gorąco dzisiaj, prawda?**	z^{y}imno/gorontso dz^{y}isyay pravda
Fait-il toujours aussi chaud?	**Czy zazwyczaj jest tu tak ciepło?**	tché zazvétchay yèst tou tak ts^{y}èp^{OU}o
Pensez-vous qu'il va… demain?	**Czy myśli pan[i], że jutro będzie…**	tché més^{y}li pan [pagni] jè youtro bèndz^{y}è
faire beau	**ładny dzień**	^{OU}adné dz^{y}ègn
neiger	**padać śnieg**	padats^y s^{y}gnèk
pleuvoir	**padać deszcz**	padats^y dèchtch
Quelles sont les prévisions météo?	**Jaka jest prognoza pogody?**	yaka yèst prognoza pogodé

brouillard	**mgła**	mg^{OU}a
ciel	**niebo**	gnèbo
éclair	**błyskawica**	b^{OU}éskavitsa
étoile	**gwiazda**	gvyazda
gelée	**mróz**	mrous
glace	**lód**	lout
lune	**księżyc**	ksyè^{n}jéts
neige	**śnieg**	s^{y}gnèk
nuage	**chmura**	KHmoura
orage	**burza**	bouja
pluie	**deszcz**	dèchtch
soleil	**słońce**	s^{OU}ogntsè
tonnerre	**grzmot**	gjmot
vent	**wiatr**	vyatr

Invitations *Zaproszenia*

Voudriez-vous dîner avec nous à…?	**Czy przyjdzie pan[i] do nas na kolację w…?**	tché pchéydz^{y}è pan [pagni] do nas na kolatsyè v
Puis-je vous inviter à déjeuner?	**Czy mogę pana [panią] zaprosić na obiad?**	tché mogè pana [pagno^n] zapros^{y}its^y na obyat
Pouvez-vous venir prendre un verre chez moi ce soir?	**Czy mógłby pan [mogłaby pani] wpaść na drinka dzisiaj wieczorem?**	tché moug^{OU}bé pan [mog^{OU}abé pagni] fpas^{y}ts^y na drinka dz^{y}s^{y}ay vyètchorèm

Il y a une réception, viendrez-vous?	**Urządzamy przyjęcie. Przyjdzie pan[i]?**	oujondzamé pchéjegnts^{y}è. pchéydz^{y}è pan [pagni]
C'est très aimable.	**Bardzo to miłe z pana [pani] strony.**	bardzo to mi^{OU}è s pana [pagni] stroné
Je viendrai avec plaisir.	**To świetnie. Bardzo chętnie przyjdę.**	to s^{y}fyètgnè. bardzo KHèntgne pchéydè
A quelle heure faut-il venir?	**O której mamy być?**	o ktourèy mamé béts^{y}
Puis-je amener un/une ami(e)?	**Czy mogę kogoś przyprowadzić?**	tché mogè kogos^{y} pchéprovadz^{y}its^{y}
Je regrette, mais nous devons partir maintenant.	**Niestety musimy już iść.**	gnestèté mous^{y}imé youch is^{y}ts^{y}
La prochaine fois, il faudra que vous veniez nous voir.	**Następnym razem prosimy do nas.**	nastèmném razèm pros^{y}imé do nas

Rendez-vous *Randka*

Est-ce que ça vous dérange si je fume?	**Czy ma pan[i] coś przeciwko temu, że zapalę?**	tché ma pan [pagni] tsos^{y} pchèts^{y}ifko tèmou jè zapuoatsè
Voulez-vous une cigarette?	**Czy zapali pan[i]?**	tché zapali pan [pagni]
Avez-vous du feu, s.v.p.?	**Czy mogę prosić o ogień?**	tché mogè pros^{y}its^{y} o ogyègn
Pourquoi riez-vous?	**Dlaczego pan[i] się śmieje?**	dlatchègo pan [pagni] s^{y}è s^{y}myèyè
Est-ce que mon polonais est si mauvais que ça?	**Czy mój polski jest aż tak zły?**	tché mouy polski yèst ach tak z^{OU}é
Puis-je m'asseoir ici?	**Czy ma pan[i] coś przeciwko temu, że się przysiądę?**	tché ma pan [pagni] tsos^{y} pchèts^{y}ifko tèmou jè s^{y}è pchés^{y}ondè
Puis-je vous offrir un verre?	**Czy mogę zaproponować panu [pani] drinka?**	tché mogè zaproponovats^{y} panou [pagni] drinka
Attendez-vous quelqu'un?	**Czy czeka pan[i] na kogoś?**	tché tchèka pan [pagni] na kogos^{y}
Êtes-vous libre ce soir?	**Czy ma pan[i] dziś wolny wieczór?**	tché ma pan [pagni] dz^{y}is^{y} volné vyètchour

JOURS DE LA SEMAINE, voir page 151

Voulez-vous sortir avec moi ce soir?	**Czy możemy się umówić na wieczór?**	tché mo**jè**mé s^{y}è ou**mou**vits^{y} na **vyè**tchour
Voulez-vous aller danser?	**Czy chciał[a]by pan[i] pójść potańczyć?**	tché **KHts^{y}a^{OU}**bé pan [**KHts^{y}a^{OU}**abé **pagni**] pouys^{y}ts^{y} potagn**tché**ts^{y}
Je connais une bonne discothèque.	**Wiem, gdzie jest dobra dyskoteka.**	vyèm gdz^{y}è yèst **do**bra désko**tè**ka
Si nous allions au cinéma?	**Może poszlibyśmy do kina?**	moyè pochli**bés^{y}**mé do **ki**na
Voulez-vous faire un tour en voiture?	**Czy ma pan[i] ochotę na przejażdżkę?**	tché ma pan [**pa**gni] o**KHo**tè na pchè**yach**tchkè
Où nous retrouvons-nous?	**Gdzie się spotkamy?**	gdz^{y}è s^{y}è spot**ka**mé
Je passerai vous prendre à votre hôtel.	**Przyjadę po pana [panią] do hotelu.**	pché**yè**dè po **pa**na [**pa**gno^{n}] do KHo**tè**lou
Je viendrai vous chercher à huit heures.	**Wpadnę o ósmej.**	f**pad**nè o **ous**mèy
Puis-je vous raccompagner?	**Czy mogę pana [panią] odwieźć?**	tché **mo**gè **pa**na [**pa**gno^{n}] od**vyè**s^{y}ts^{y}
Puis-je vous revoir demain?	**Czy możemy się jutro znowu zobaczyć?**	tché mo**jè**mé s^{y}è **you**tro **zno**vou zo**ba**tchéts^{y}
J'espère que nous nous reverrons.	**Mam nadzieję że się jeszcze spotkamy.**	mam na**dz^{y}è**yè, jè s^{y}è **yèch**tchè spot**ka**mé
Avec plaisir, merci.	**Bardzo chętnie.**	**bar**dzo **KHènt**gnè
Merci mais je suis pris(e).	**Niestety, ale jestem bardzo zajęty (zajęta).**	gnè**stè**té **a**lè **yès**tèm **bar**dzo za**yèn**té (za**yèn**ta)
Non, ça ne m'intéresse pas, merci.	**Nie, nie sądzę.**	gnè gnè **son**dzè
Laissez-moi tranquille, s.v.p.!	**Proszę mnie zostawić w spokoju!**	**pro**chè mgnè zos**ta**vits^{y} f spo**ko**you
Merci, j'ai passé une soirée merveilleuse.	**Dziękuję, to był cudowny wieczór.**	dz^{y}en**kou**yè to bé^{OU} tsou**dov**né **vyè**tchour
Je me suis bien amusé(e).	**Świetnie się bawiłem (bawiłam).**	**s^{y}fyèt**gnè s^{y}è ba**vi^{OU}**èm (ba**vi^{OU}**am)

HEURES, voir page 153

Guide des achats

Ce guide devrait vous aider à trouver rapidement et aisément ce que vous désirez. Il comprend:

1. Une liste des principaux magasins et services (p.98).
2. Des expressions générales qui vous permettront de formuler vos désirs avec précision lorsque vous ferez des achats (p.100).
3. Des détails complets sur les magasins et services qui présentent le plus d'intérêt pour vous. Vous trouverez conseils et listes alphabétiques des articles sous les titres suivants.

BLANCHISSERIE, voir page 29/COIFFEUR, voir page 30

Magasins et services *Sklepy, domy towarowe i zakłady usługowe*

En Pologne, les magasins sont généralement ouverts de 10h à 18h du lundi au vendredi et deux samedis par mois avec des heures d'ouverture plus réduites. Certains magasins dans les grandes villes sont ouverts de 11h jusqu'à 19h. Ces horaires ne s'appliquent pas aux magasins d'alimentation ni aux supermarchés qui ouvrent parfois dès 6h du matin. Dans les grandes villes, certains magasins d'alimentation sont ouverts 24h sur 24h. On peut acheter des fleurs, des fruits et légumes frais aux marchés que l'on trouve dans toutes les villes, petites ou grandes.

Dans les magasins polonais, les étiquettes indiquent le prix réel de l'article, c'est-à-dire qu'il n'y a pas de taxe supplémentaire à payer à la caisse. Normalement, il n'existe pas de service de livraison.

Où est le/la… le/la plus proche?	**Gdzie jest najbliższy…?**	gdz^{y}è yèst nay**blich**ché
agence de voyages	**biuro podróży**	**byou**ro pod**rou**jé
antiquaire	**desa**	**dè**sa
banque	**bank**	bank
bibliothèque	**biblioteka**	biblyo**tè**ka
bijouterie	**jubiler**	you**bi**lèr
blanchisserie	**pralnia**	**pral**gna
boucherie	**sklep mięsny**	sklèp **myè^{n}**sné
boulangerie	**piekarnia**	pyè**kar**gna
brocanteur	**sklep z rzeczami używanymi**	sklèp z jè**tcha**mi oujéva**né**mi
bureau de poste	**poczta**	**po**tchta
bureau de tabac	**kiosk**	kyosk
bureau du télégraphe	**poczta**	**po**tchta
centre commercial	**centrum handlowe**	**tsèn**troum KHand**lo**vè
coiffeur	**fryzjer**	**fré**zyèr
commissariat de police	**posterunek policji**	postè**rou**nèk po**li**tsyi
confiserie	**cukiernia**	tsu**kyèr**gna
cordonnier	**szewc**	chefts
crèmerie	**mleczarnia**	mlè**tchar**gna
dentiste	**gabinet dentystyczny**	ga**bi**nèt dènté**sté**tchné
droguerie	**apteka**	ap**tè**ka
épicerie	**sklep spożywczy**	sklèp spo**jéf**tché

fleuriste	**kwiaciarnia**	kfya**ts^{y}ar**gna
fourreur	**sklep z futrami**	sklèp s fou**tra**mi
galerie d'art	**galeria sztuki**	ga**lè**rya **chtou**ki
grand magasin	**dom towarowy**	dom tova**ro**vé
hôpital	**szpital**	**chpi**tal
horloger	**zegarmistrz**	zè**gar**mist-ch
institut de beauté	**salon kosmetyczny**	**sa**lon kosmè**téch**né
kiosque à journaux	**kiosk**	kyosk
laverie automatique	**pralnia samoobsługowa**	**pral**gna samoobs^{OU}ou**go**va
librairie	**księgarnia**	ks^{y}èn**gar**gna
magasin de/d'		
appareils électroménagers	**sklep elektryczny**	sklèp èlè**ktréch**né
articles de sport	**sklep sportowy**	sklèp spor**to**vé
chaussures	**sklep obuwniczy**	sklèp obouv**gni**tché
diététique	**sklep ze zdrową żywnością**	sklèp zè **zdro**vo^{n} jév**nos^{y}**ts^{y}o^{n}
jouets	**sklep z zabawkami**	sklèp z zabaf**ka**mi
photos	**sklep fotograficzny**	sklèp fotogra**fi**tchné
souvenirs	**sklep z pamiątkami**	sklèp s pamyont**ka**mi
marchand de fruits et légumes	**sklep z warzywami**	sklèp z vajé**va**mi
marchand de vin	**sklep monopolowy**	sklèp monopo**lo**vé
marché	**rynek**	**ré**nek
opticien	**optyk**	**op**ték
papeterie	**sklep papierniczy**	sklèp papyèr**gni**tché
pâtisserie	**cukiernia**	tsou**kyèr**gna
pharmacie	**apteka**	ap**tè**ka
photographe	**fotograf**	fo**to**graf
poissonerie	**sklep rybny**	sklèp **réb**né
quincaillerie	**sklep z artykułami metalowymi**	sklèp z artékou^{OU}**a**mi mètalo**vé**mi
supermarché	**sam spożywczy**	sam spo**jéf**tché
tailleur	**krawiec**	**kra**vyèts
teinturerie	**pralnia chemiczna**	**pral**gna KHè**mitch**na
traiteur	**delikatesy**	dèlika**tè**sé
vétérinaire	**lecznica dla zwierząt**	lètch**gni**tsa **zvyè**jont

WEJŚCIE	ENTRÉE
WYJŚCIE	SORTIE
WYJŚCIE AWARYJNE	SORTIE DE SECOURS

Expressions courantes *Zwroty ogólne*

Où? *Gdzie?*

Où y a-t-il un(e) bon(ne)...?	**Gdzie jest dobry...?**	gdz^{y}è yèst **do**bré
Où puis-je trouver un/une...?	**Gdzie mogę znaleźć...?**	gdz^{y}è **mogè** **znalès**^{y}ts^{y}
Où se trouve le quartier commerçant?	**Gdzie jest główne centrum handlowe?**	gdz^{y}è yèst **g**^{OU}**ouv**nè **tsèn**troum KHan**dlo**vè
Est-ce loin d'ici?	**Czy to jest daleko stąd?**	tché to yèst da**lè**ko stont
Comment puis-je m'y rendre?	**Jak się tam dostać?**	yak s^{y}è tam **dos**tats^{y}

WYPRZEDAŻ/PRZECENA
SOLDES

Service *Usługi*

Pouvez-vous m'aider?	**Czy może mi pan[i] pomóc?**	tché **mo**jè mi pan [**pa**gni] **po**mouts
Je ne fais que regarder.	**Chcę się tylko rozejrzeć.**	KHtsè s^{y}è **tyl**ko ro**zèy**jèts^{y}
Avez-vous...?	**Czy ma pan[i]...?**	tché ma pan [**pa**gni]
Je voudrais acheter...	**Chciał(a)bym kupić...**	**KHts**^{y}**a**^{OU}bém (**KHts**^{y}**a**^{OU}abém) **kou**pits^{y}
Je voudrais...	**Poproszę...**	po**pro**chè
Pouvez-vous me montrer des...?	**Czy może mi pan[i] pokazać...?**	tché **mo**jè mi pan [**pa**gni] po**ka**zats^{y}
Avez-vous des...?	**Czy są...?**	tché so^{n}
Où est le rayon des...?	**Gdzie jest stoisko z...?**	gdz^{y}è yèst sto**is**ko z
Où est l'ascenseur/l'escalier roulant?	**Gdzie jest winda/są schody?**	gdz^{y}è yèst **vin**da/so^{n} **sKHo**dé

Celui-là/Celle-là *Ten*

Pouvez-vous me montrer...?	**Czy może mi pan[i] pokazać...?**	tché **mo**jè mi pan [**pa**gni] po**ka**zats^{y}

ceci/cela	**ten/tamten**	tèn/**tam**tèn
celui/celle en vitrine	**ten z wystawy**	tèn z vé**sta**vé

Description de l'article *Określenia rzeczy*

J'en voudrais un/ une…	**Poproszę ten…**	po**pro**chè tèn
bon	**dobry**	**do**bré
bon marché	**tani**	**ta**gni
carré	**kwadratowy**	kfadra**to**vé
clair	**jasny**	**yas**né
foncé	**ciemny**	**ts^{y}èm**né
grand	**duży**	**dou**jé
léger	**lekki**	**lèk**-ki
lourd	**ciężki**	**ts^{y}è^{n}ch**ki
oval	**owalny**	o**val**né
petit	**mały**	**ma**^{OU}é
rectangulaire	**prostokątny**	prosto**kont**né
rond	**okrągły**	o**krong**^{OU}é
solide	**mocny**	**mot**sné
Je ne veux pas quelque chose de trop cher.	**Szukam czegoś nie za drogiego.**	**chou**kam **tchè**gos^{y} gnè za dro**gyè**go

Préférences *Dokonywanie wyboru*

Pouvez-vous m'en montrer d'autres?	**Czy ma pan[i] jakieś inne…?**	tché ma pan [**pa**gni] **ya**kyès^{y} **in**-nè
N'avez-vous rien de…?	**Czy nie ma pan[i] czegoś…?**	tché gnè ma pan [**pa**gni] **tchè**gos^{y}
moins cher/mieux	**tańszego/lepszego**	tagn**chè**go/lèp**chè**go
plus grand/plus petit	**większego/mniejszego**	wyènk**chè**go/mgnèy**chè**go
Combien?	**Ile?**	**i**lè
C'est combien?	**Ile to kosztuje?**	ilè to koch**tou**yè
Je ne comprends pas.	**Nie rozumiem.**	gnè ro**zou**myèm
Pouvez-vous l'écrire, s.v.p.	**Proszę to napisać.**	**pro**chè to na**pi**sats^{y}
Je ne veux pas dépenser plus de… zloty.	**Nie chcę wydać więcej niż… złotych.**	gnè KHtsè **vé**dats^{y} **wyèn**tsèy nich… **z^{OU}o**téKH

Décision *Decyzja*

Ce n'est pas vraiment ce que je veux.	**To niezupełnie to, co chciałem (chciałam).**	to gne zoupè^{OU}gne to tso KHts^{y}a^{OU}èm (KHts^{y}a^{OU}am)
Non, ça ne me plaît pas.	**Nie, nie podoba mi się to.**	gnè gnè podoba mi s^{y}è to
Je le/la prends.	**Wezmę to.**	vèzmè to

Commande *Zamawianie.*

Pouvez-vous me le commander?	**Czy może pan[i] to dla mnie zamówić?**	tché mojè pan [pagni] to dla mgnè zamouvits^{y}
Combien de temps faudra-t-il?	**Jak długo to zajmie?**	yak d^{OU}ougo to zaymyè

Livraison *Dostawa*

Je l'emporte.	**Wezmę to ze sobą.**	vèzmè to zè sobo^{n}
Faites-le livrer à l'hôtel . . ., s.v.p.	**Proszę to przysłać do hotelu . . .**	prochè to pchés^{OU}ats^{y} do KHotèlou
Envoyez-le à cette adresse, s.v.p.	**Proszę to wysłać pod ten adres.**	prochè to vés^{OU}ats^{y} pot tèn adrès
Est-ce que je risque d'avoir des problèmes à la douane?	**Czy to podlega ocleniu przy wyjeździe?**	tché to podlèga otslègnou pchè véyes^{y}dz^{y}è

Paiement *Płacenie*

Ça coûte combien?	**Ile to kosztuje?**	ilè to kochtouyè
Puis-je payer avec un chèque de voyage?	**Czy mogę zapłacić czekiem podróżnym?**	tché mogè zap^{OU}ats^{y}its^{y} tchèkyèm podroujném
Acceptez-vous les francs?	**Czy mogę zapłacić we frankach?**	tché mogè zap^{OU}ats^{y}its^{y} vè frankaKH
Acceptez-vous les cartes de crédit?	**Czy mogę zapłacić kartą kredytową?**	tché mogè zap^{OU}atsits^{y} karto^{n} krèdétovo^{n}
Je pense qu'il y a une erreur sur la note.	**Czy pan[i] się przypadkiem nie pomylił[a] w rachunku?**	tché pan [pagni] s^{y}è pchépatkyèm gnè poméli^{OU} [poméli^{OU}a] v raKHounkou

COULEURS, voir page 112

Désirez-vous autre chose? *Czy coś jeszcze?*

Non merci, c'est tout.	**Dziękuję, to wszystko.**	dz^{y}èn**kou**yè to **fchést**ko
Oui, je voudrais ...	**Tak, poproszę ...**	tak po**pro**chè
Pouvez-vous me montrer ...?	**Czy może mi pan[i] pokazać ...?**	tché **mo**jè mi pan [**pa**gni] po**ka**zats^{y}
Puis-je avoir un sac, s.v.p.?	**Czy mogę prosić o reklamówkę?**	tché **mo**gè **pro**s^{y}its^{y} o rèkla**mouf**kè
Pourriez-vous me l'emballer, s.v.p.?	**Czy może mi to pan[i] zapakować?**	tché **mo**jè mi to pan [**pa**gni] zapa**ko**vats^{y}
Puis-je avoir le ticket de caisse/un reçu, s.v.p.?	**Czy mogę prosić o paragon?**	tché **mo**gè **pro**s^{y}its^{y} o pa**ra**gon

Mécontent? *Kłopoty z zakupami*

Pourriez-vous échanger ceci, s.v.p.?	**Czy może mi to pan[i] wymienić?**	tché **mo**jè mi to pan [**pa**gni] vé**myè**gnits^{y}
Je voudrais vous rendre ceci.	**Chciał(a)bym to zwrócić.**	**KHts^{y}a^{OU}**bém (**KHts^{y}a^{OU}**abém) to **zvrou**ts^{y}its^{y}
Je voudrais être remboursé(e). Voici le ticket de caisse.	**Proszę o zwrot pieniędzy. Oto paragon.**	**pro**chè o zvrot pyè**nièn**dzé. **o**to pa**ra**gon

Słucham?	Puis-je vous aider?
Czego pan[i] sobie życzy?	Que désirez-vous?
Jaki ... pana [panią] interesuje?	Quel/quelle ... désirez-vous?
kolor/kształt/jakość	couleur/forme/qualité
Niestety nie ma.	Je regrette, nous n'en avons pas.
Zabrakło.	Notre stock est épuisé.
Czy mam to dla pana [pani] zamówić?	Voulez-vous que nous vous le commandions?
Czy zabierze to pan[i] ze sobą czy mamy to wysłać?	Voulez-vous l'emporter ou faut-il vous l'envoyer?
Czy coś jeszcze?	Désirez-vous autre chose?
... złotych.	Ça fait ... zloty, s.v.p.
Proszę do kasy.	La caisse est là-bas.

Appareils électriques *Sprzęt elektryczny*

En Pologne, le courant est du courant alternatif de 220 volts. Les prises sont de type européen.

Quel est le voltage?	**Jakie jest napięcie w sieci?**	yakyè yèst napyègnts^{y}è
Avez-vous une pile pour ceci?	**Czy ma pan[i] do tego baterie?**	tché ma pan [pagni] do tègo batèryè
C'est cassé. Pouvez-vous le réparer?	**To się popsuło. Czy może pan[i] to naprawić?**	to s^{y}è pops^{OU}ou. tché mojè pan [pagni] to napravits^{y}
Pouvez-vous me faire voir comment ça marche?	**Czy może mi pan[i] pokazać jak to działa?**	tché mojè mi pan [pagni] pokazats^{y} yak to dz^{y}a^{OU}a
Je voudrais (louer) une cassette vidéo.	**Chciał(a)bym (wypożyczyć) kasetę wideo.**	KHts^{y}a^{OU}bém (KHts^{y}a^{OU}abém) (vépojétchéts^{y}) kasètè vidèo
Je voudrais...	**Poproszę...**	poprochè
adaptateur	**adaptor**	adaptor
amplificateur	**wzmacniacz**	vzmatsgnatch
ampoule	**żarówkę**	jaroufkè
casque (écouteurs)	**słuchawki**	s^{OU}ouKHafki
électrophone/platine	**gramofon**	gramofon
fer à repasser (de voyage)	**żelazko (podrożne)**	jèlasko (poroujnè)
hauts-parleurs	**głośniki**	g^{OU}os^{y}niki
lampe	**lampę**	lampè
lecteur de CD	**odtwarzacz kompaktowy CD**	ot-tfajatch kompaktové CD
magnétophone (à cassettes)	**magnetofon (kasetowy)**	magnètofon (kasètové)
magnétoscope	**wideo**	vidèo
... portatif	**tranzystorowe...**	trazéstorovè
prise	**wtyczkę**	ftétchkè
radio	**radio**	radyo
autoradio	**radio samochodowe**	radyo samoKHodovè
radio-réveil	**zegar z radiem**	zègar z radyèm
rallonge	**przedłużacz**	pchèd^{OU}ojatch
rasoir	**elektryczną maszynkę do golenia**	èlèktrétchno^{n} machénkè do golègna
sèche-cheveux	**suszarkę do włosów**	soucharkè do v^{OU}osouf
télévision (couleur)	**telewizor kolorowy**	tèlèvizor kolorové
transformateur	**transformator**	trasformator

Articles ménagers *Artykyły gospodarstwa domowego*

allumettes	**zapałki**	zapa^{OU}ki
boîte-repas (pour la nourriture)	**pojemnik na jedzenie**	poyèmgnik na yèdzègnè
bougies	**świece**	s^{y}fyètsè
casserole	**rondel, garnek**	rondèl, garnèk
ciseaux	**nożyczki**	nojétchki
clé à molette	**klucz płaski**	kloutch p^{OU}aski
clous	**gwoździe**	gvoz^{y}dz^{y}è
couteau de poche	**scyzoryk**	stsézorék
épingles à linge	**spinacze do bielizny**	spinatchè do byèlizné
lessive	**proszek do prania**	prochèk do pragna
liquide-vaisselle	**płyn do mycia naczyń**	p^{OU}én do méts^{y}a natchégn
marteau	**młotek**	m^{OU}otèk
ouvre-boîtes	**otwieracz do puszek**	otfièratch do pouchèk
ouvre-bouteilles	**otwieracz do butelek**	otfièratch do boutèlèk
papier aluminium	**folia aluminiowa**	folya aloumignova
pince universelle	**szczypce**	chtchéptsè
poêle (à frire)	**patelnia**	patèlgna
sacs plastiques	**torby plastikowe**	torbé plastikovè
seau	**wiadro**	wyadro
serviettes en papier	**serwetki papierowe**	sèrvètki ppyèrovè
torchon	**ścierka**	s^{y}ts^{y}èrka
tournevis	**śrubokręt**	s^{y}roubokrènt
vis	**śrubki**	s^{y}roupki

Vaisselle *Naczynia kuchenne*

assiettes	**talerze**	talèjè
grandes tasses	**kubki**	koupki
soucoupes	**spodki**	spotki
tasses	**filiżanki**	filijanki
verres	**szklanki do napojów**	chklanki do napoyouf

Couverts *Sztućce*

couteaux	**noże**	nojè
cuillères	**łyżki**	^{OU}échki
fourchettes	**widelce**	vidèltsè

Bijouterie—Horlogerie *Jubiler—Zegarmistrz*

Pourriez-vous me montrer ceci, s.v.p.?	**Czy mogę to zobaczyć?**	tché **mo**gè to zo**ba**tchéts^{y}
Avez-vous quelque chose en or?	**Czy ma pan[i] coś ze złota?**	tché ma pan [**pa**gni] cos^{y} zè z^{OU}**o**ta
Ça fait combien de carats?	**Ile to ma karatów?**	**i**lè to ma ka**ra**touf
Est-ce de l'argent véritable?	**Czy to jest prawdziwe srebro?**	tché to yèst prav**dz^{y}**vè **srè**bro
Pouvez-vous réparer cette montre?	**Czy może pan[i] naprawić ten zegarek?**	tché **mo**jè pan [**pa**gni] na**pra**vits^{y} tèn zè**ga**rèk
Je voudrais...	**Poproszę...**	po**pro**chè
argenterie	**srebra stołowe**	**srè**bra sto^{OU}**o**vè
bague	**pierścionek**	pyèrs^{y}**ts^{y}o**nèk
de fiançailles	**zaręczynowy**	zarèntché**no**vé
chevalière	**sygnet**	**sé**gnèt
alliance	**obrączkę**	o**bron**tchkè
boîte à musique	**pozytywkę**	pozé**téf**kè
boucles d'oreilles	**kolczyki**	kol**tché**ki
boutons de manchettes	**spinki do rękawów**	**spin**ki do rèn**ka**vouf
bracelet	**bransoletkę**	branso**lèt**kè
bracelet à breloques	**bransoletkę z breloczkami**	branso**lèt**kè z brèlotch**ka**mi
bracelet de montre	**pasek do zegarka**	**pa**sèk do ze**gar**ka
breloque	**breloczek**	brè**lo**tchèk
briquet	**zapalniczkę**	zapal**gnitch**kè
broche	**broszkę**	**broch**kè
chaîne(tte)	**łańcuszek**	^{OU}agn**tsou**chèk
chapelet	**różaniec**	rou**ja**gnèts
clip	**klips**	klips
coffret à bijoux	**szkatułkę na biżuterię**	chka**tou**^{OU}kè na bijou**tè**ryè
collier	**naszyjnik**	na**ché**ynik
coucou	**zegar z kukułką**	**ze**gar s kou**kou**^{OU}ko^{n}
couverts	**sztućce**	**chtouts^{y}**tsè
croix	**krzyżyk**	**kché**jék
épingle	**szpilkę**	**chpil**kè
épingle à cravate	**szpilkę do krawata**	**chpil**kè do kra**va**ta
étui à cigarettes	**papierośnicę**	papyèros^{y}**gni**tsè
gourmette	**bransoletkę łańcuszek**	branso**lèt**kè ^{OU}agn**tsou**chèk
jonc	**bransoletę**	branso**lèt**kè

montre-bracelet	**zegarek na rękę**	zè**ga**rèk na **rèn**kè
montre de gousset	**zegarek kieszonkowy**	zè**ga**rèk kyèchon**ko**vé
montre	**zegarek**	zè**ga**rèk
automatique	**automatyczny**	aoutoma**tétch**né
digitale	**elektroniczny**	èlèktro**gnitch**né
à quartz	**kwarcowy**	kfar**tso**vé
avec trotteuse	**z sekundnikiem**	s sèkund**gni**kyèm
étanche	**wodoszczelny**	vodo**chtchèl**né
pendentif	**wisiorek**	vi**s^{y}o**rèk
pendule	**zegar**	**zè**gar
pierre précieuse	**kamień szlachetny**	**ka**myègn chla**KHèt**né
pile	**baterię**	ba**tè**ryè
pince à cravate	**spinkę do krawata**	**spin**kè do kra**va**ta
porte-mine	**ołówek automatyczny**	o^{OU}**ou**vèk aoutoma**tétch**né
porte-mine	**ołówek automatyczny**	o^{OU}**ou**vèk aoutoma**tétch**né
poudrier	**puderniczkę**	puodèr**gnitch**kè
réveil	**budzik**	**bou**dz^{y}ik

ambre	**bursztyn**	**bourch**tén
améthyste	**ametyst**	a**mè**tést
argent	**srebro**	**srè**bro
chrome	**chrom**	KHrom
corail	**koral**	**ko**ral
cristal	**kryształ**	**kréch**ta^{OU}
cristal taillé	**rżnięte szkło**	**rj**gnèntè chk^{OU}o
cuivre	**miedź**	myèdz^{y}
diamant	**diament**	**dya**mènt
émail	**emalia**	è**ma**lya
émeraude	**szmaragd**	**chma**rakt
étain	**stop cyny z ołowiem**	stop **tsé**né z o^{OU}**o**vyèm
inox	**stal nierdzewna**	stal gnè**rdzè**vna
ivoire	**kość słoniowa**	kos^{y}ts^{y} s^{OU}o**gnyo**va
jade	**nefryt**	**nè**frét
onyx	**onyks**	**o**néks
or	**złoto**	**z^{OU}**oto
perle	**perła**	**pèr**^{OU}a
plaqué argent	**plater srebrny**	**pla**tèr **srèbr**né
plaqué or	**plater złoty**	**pla**tèr **z^{OU}o**té
platine	**platyna**	pla**té**na
rubis	**rubin**	**rou**bin
saphir	**szafir**	**cha**fir
topaze	**topaz**	**to**pas
turquoise	**turkus**	**tour**kous

Bureau de tabac *Artykuły tytoniowe*

On peut acheter des cigarettes polonaises et de nombreuses marques étrangères, des cigares et du tabac chez les marchands de journaux, dans les kiosques et dans plusieurs autres petits magasins. Vous pouvez aussi trouver des cigarettes dans certains supermarchés et hôtels.

Un paquet de cigarettes, s.v.p.	**Poproszę paczkę papierosów.**	po**pro**chè **patch**kè papyè**ro**souf
Avez-vous des cigarettes françaises/ américaines?	**Czy ma pan[i] jakieś francuskie/ amerykańskie papierosy?**	tché ma pan [**pa**gni] **ya**kyès^y fran**tsous**kyè/ amèré**kagn**skyè papyè**ro**sé
Je voudrais une cartouche.	**Poproszę o cały karton.**	po**pro**chè o **tsa**^{ou}é **kar**ton
Donnez-moi un/une/ des..., s.v.p.	**Poproszę...**	po**pro**chè
allumettes	**zapałki**	za**pa**^{ou}ki
bonbons	**słodycze**	s^{ou}o**dé**tchè
briquet	**zapalniczkę**	zapal**gni**tchkè
essence/gaz à briquet	**gaz do zapalniczki**	gas do zapal**gni**tchki
carte postale	**pocztówkę**	potch**touf**kè
chewing gum	**gumę do żucia**	**gou**mè do **jouts**^{y}a
chocolat	**czekoladę**	tchèko**la**dè
cigares	**cygara**	tsé**ga**ra
cigarettes	**papierosy**	papyè**ro**sé
avec filtre/sans filtre	**z filtrem/bez filtra**	s **fil**trèm/bes **fil**tra
légères/fortes	**słabe/mocne**	**s**^{ou}**a**bè/**mots**nè
long format	**king-size**	kink-sayz
mentholées	**mentolowe**	mènto**lo**vè
étui à cigarettes	**papierośnicę**	papyèros^y**gni**tsè
fume-cigarette	**cygarniczkę**	tsygar**gni**tchkè
mèche	**knot**	knot
pipe	**fajkę**	**fay**kè
nettoie-pipes	**wyciory do fajki**	vy**ts**^{y}ory do **fay**ki
tabac pour pipe	**tytoń do fajki**	**té**togn do **fay**ki
cure-pipe	**przybornik do fajki**	pchy**bor**nik do **fay**ki
tabac à chiquer	**tytoń do żucia**	**té**togn do **jouts**^{y}a
tabac à priser	**tabakę**	ta**ba**kè
timbres	**znaczki pocztowe**	**znatch**ki potch**to**vè

Camping et équipement sportif *Sprzęt sportowy i turystyczny*

Je voudrais louer un/une/des…	**Chciał(a)bym wynająć…**	**KHts^{y}a**^{OU}bém (**KHts^{y}a**^{OU}abym) vé**na**yonts^{y}
allume-feu	**podpałkę**	pot**pa**^{OU}kè
allumettes	**zapałki**	za**pa**^{OU}ki
attirail de pêche	**sprzęt wędkarski**	spchènt vènd**karski**
bombe aérosol contre les insectes	**spray przeciw owadom**	sprаé **pchè**ts^{y}if o**va**dom
boussole	**kompas**	**kom**pas
cartouche réfrigérante	**worek na lód**	**vo**rèk na lout
chaise longue	**leżak**	**lè**jak
chaise (pliante)	**fotelik (składany)**	fo**tè**lik (s^{OU}a**da**né)
charbon	**węgiel drzewny**	**vèn**gyèl **djè**vné
corde	**linę, sznur**	**li**nè, chnour
gaz butane	**gaz w butli**	gas v **bou**tli
glacière	**lodówkę turystyczną**	lo**douf**kè tourés**té**chno^{n}
gourde	**pojemnik na wodę**	po**yèm**gnik na **vo**dè
hamac	**hamak**	**KHa**mak
jerrican(e)	**deska windsurfingowa**	**dè**ska ouindsèrfin**go**va
lampe	**lampę**	**lam**pè
lampe de poche	**latarkę**	la**tar**kè
lit de camp	**łóżko składane**	^{OU}**och**ko sk^{OU}a**da**nè
maillet	**młotek**	**m**^{OU}**o**tèk
matelas en mousse	**karimat**	ka**ri**mat
matériel de plongée sous-marine	**sprzęt do nurkowania**	spchènt do nourko**va**gna
matériel de ski	**śrubokręt**	s^{y}rou**bo**krènt
montant (piquet) de tente	**maszt**	macht
moustiquaire	**moskitierę**	moski**tyè**rè
panier de pique-nique	**koszyk**	**ko**chék
pétrole	**parafinę**	para**fi**nè
piquets de tente	**kołek**	**ko**^{OU}èk
pompe	**pompkę**	**pomp**kè
sac à dos	**plecak**	**plè**tsak
sac de couchage	**śpiwór**	**s^{y}py**vour
skis	**sprzęt narciarski**	spchènt nar**ts^{y}ar**ski
table pliante	**stolik składany**	**sto**lik sk^{OU}**a**da**né**
tapis de sol	**podłogę namiotową**	pod^{OU}ogè namyo**to**vo^{n}
tente	**namiot**	**na**myot

Épicerie *Sklep spożywczy*

On trouve une épicerie assez facilement dans n'importe quel centre commercial. Les supermarchés—petits ou grands qui vendent des produits d'alimentation, s'appellent souvent *spożywczy* ou *supersam*.

Je voudrais du pain, s.v.p.	**Poproszę chleb.**	po**pro**chè KHlèp
Quelle sorte de fromage avez-vous?	**Jakie ma pan[i] sery?**	**ya**kyè ma pan [**pa**gni] **sè**ré
Un morceau de…	**Kawałek…**	ka**va**^{OU}èk
celui-là	**tego**	**tè**go
celui sur l'étagère	**tego na półce**	**tè**go na **pou**^{OU}tsè
Je vais prendre un de ceux-là, s.v.p.	**Wezmę jeden z tych.**	**vè**zmè **yè**dèn s tèKH
Puis-je me servir?	**Czy mogę sam(a) sobie wybrać?**	tché **mo**gè sam (**sa**ma) **so**byè **vé**brats^{y}

gramme	**gram**	gram
demi-kilo	**pół kilo**	pou^{OU} **ki**lo
kilo	**kilo**	**ki**lo
litre	**litr**	litr

Je voudrais…	**Poproszę…**	po**pro**chè
un kilo de pommes	**kilo jabłek**	**ki**lo **yab**^{OU}èk
une livre de tomates	**pół kilo pomidorów**	pou^{OU} **ki**lo pomi**do**rouf
100 grammes de beurre	**pół kostki masła**	pou^{OU} **kost**ki **ma**soua
un litre de lait	**litr mleka**	litr **mlè**ka
une demi-douzaine d'œufs	**sześć jajek**	ches^{y}ts^{y} **ya**yèk
4 tranches de jambon	**cztery plasterki szynki**	**tchtè**ré pla**stèr**ki **chén**ki
un paquet de thé	**paczkę herbaty**	**patch**kè KHèr**ba**té
un pot de confiture	**słoik dżemu**	**s**^{OU}oik **djè**mou
une boîte de pêches	**puszkę brzoskwiń**	**pouch**kè **bjosk**fign
un tube de moutarde	**słoik musztardy**	**s**^{OU}oik mou**chtar**dé
une boîte de chocolats	**pudełko czekoladek**	pou**de**^{OU}ko tchèko**la**dèk

Habillement *Ubrania*

Si vous désirez acheter quelque chose de précis, mieux vaut préparer votre achat à l'avance en consultant la liste des vêtements page 115. Réfléchissez à la taille, à la couleur, au tissu que vous désirez, puis reportez-vous aux pages suivantes.

Généralités *Ogólne*

Je voudrais...	**Poproszę...**	po**pro**chè
Je voudrais quelque chose pour...	**Poproszę o coś dla...**	po**pro**chè o tsos^{y} dla
un garçon de dix ans	**dziesięcioletniego chłopca**	dz^{y}ès^{y}ègnts^{y}olèt**gnè**go KH^{OU}**op**tsa
une fille de dix ans	**dziesięcioletniej dziewczynki**	dz^{y}ès^{y}ègnts^{y}olèt**gnèy** dz^{y}**èftchén**ki
Je voudrais quelque chose dans ce genre.	**Chciał(a)bym coś w tym rodzaju.**	**KHts^{y}a^{OU}**bém (**KHts^{y}a**^{OU}abém) tsos^{y} f tém **rodza**you
Je voudrais celui/celle en vitrine.	**Podoba mi się ten wystawiony w oknie.**	po**do**ba mi s^{y}è tèn véstav**yo**né w **ok**gnè
Combien coûte le mètre?	**Ile kosztuje metr?**	**i**lè koch**tou**yè mètr

milimètre	**milimetr**	mi**li**mètr
centimètre	**centymetr**	tsèn**té**mètr
mètre	**metr**	mètr

Couleur *Kolor*

Je voudrais quelque chose en...?	**Chciał(a)bym coś...**	**KHts^{y}a^{OU}**bém (**KHts^{y}a**^{OU}abém) tsos^{y}
Je voudrais un ton plus foncé/clair	**Chciał(a)bym ciemniejszy/jaśniejszy odcień.**	**KHts^{y}a^{OU}**bém (**KHts^{y}a**^{OU}abém) ts^{y}èm**gnèy**ché/yas^{n}**gnèy**ché **odts^{y}ègn**

CAMPING, voir page 32

Je voudrais quelque chose qui aille avec ça.	**Chciał(a)bym coś pasującego do tego.**	KHts^{y}a^{OU}bém (KHts^{y}a^{OU}abém) tsos^{y} pasouyontsego do tègo
Je n'aime pas cette couleur.	**Nie podoba mi się ten kolor.**	gne podoba mi s^{y}è tèn kolor

argenté	**srebrny**	srèbrné
beige	**beżowy**	bèjové
blanc	**biały**	bya^{OU}é
bleu	**niebieski**	nyèbyèski
doré	**złoty**	z^{OU}oté
écarlate	**szkarłatny**	chkar^{OU}atné
fauve	**jasnobrązowy**	yasnobro^{n}zové
gris	**szary**	charé
jaune	**żółty**	jou^{OU}té
marron	**brązowy**	bro^{n}zové
mauve	**jasnofioletowy**	yasnofyolètové
noir	**czarny**	tcharné
orange	**pomarańczowy**	pomaragntchové
rose	**różowy**	roujové
rouge	**czerwony**	tchèrvoné
turquoise	**turkusowy**	tourkousové
vert	**zielony**	z^{y}èloné
violet	**fioletowy**	fyolètové
... clair	**jasno-...**	yasno
... foncé	**ciemno-...**	ts^{y}yèmno

w paski
(f paski)

w kropki
(f kropki)

w kratkę
(f kratkè)

ze wzorem
(zè vzorèm)

Tissus *Tkanina*

Avez-vous quelque chose en...?	**Czy jest coś z...?**	tché yèst tsos^{y} z

Est-ce...?	**Czy to jest...?**	tché to yèst
fait ici	**produkcji krajowej**	pro**douk**tsyi kra**yo**vèy
fait main	**ręczna robota**	**rèntch**na ro**bo**ta
importé	**importowane**	importo**va**nè
Je voudrais quelque chose de moins épais.	**Chciał(a)bym coś cieńszego.**	KHts^{y}**a**^{OU}bém (KHts^{y}**a**^{OU}abém) tsos^{y} ts^{y}ègn**chè**go
Avez-vous quelque chose de meilleure qualité?	**Czy jest coś w lepszym gatunku?**	tché yèst tsos^{y} v **lèp**chém ga**toun**kou
En quoi est-ce?	**Z czego to jest zrobione?**	s **tchè**go to yèst zro**byo**nè

En...	Z...	z
batiste	**batystu**	ba**tés**tou
coton	**bawełny**	ba**vè**^{OU}né
crêpe	**kreponu**	krè**po**nou
cuir	**skóry**	**skou**ré
daim	**zamszu**	**zam**chou
dentelle	**koronki**	ko**ron**ki
feutre	**filcu**	**fil**tsou
flanelle	**flaneli**	fla**nè**li
gabardine	**gabardyny**	gabar**dé**né
laine	**wełny**	**ve**^{OU}né
lin	**płótna**	**p**^{OU}**out**na
mousseline	**szyfonu**	ché**fo**nou
peigné	**samodziału**	samo**dz**^{y}**a**^{OU}ou
poils de chameau	**moheru**	mo**KHè**rou
popeline	**popeliny**	popè**li**né
satin	**atłasu**	at^{OU}**a**sou
soie	**jedwabiu**	yed**va**byou
tissu-éponge	**frotte**	**fro**tè
toile de coton	**dżinsu**	**djin**sou
velours	**aksamitu**	aksa**mi**tou
velours côtelé	**sztruksu**	**chtruk**sou
velours de coton	**pluszu**	**plou**chou

Est-ce ...?	**Czy to jest ...?**	tché to yèst
pur coton/laine	**czysta bawełna/ wełna**	**tché**sta ba**vè**^{ou}na/**vè**^{ou}na
synthétique	**włókno sztuczne**	**v**^{ou}**ou**kno **chtoutch**nè
grand teint	**trwałe w kolorach**	**trfa**^{ou}è f ko**lo**rakh
infroissable	**niemnące**	gnè**mnon**tsè
Peut-on le laver à la main/en machine?	**Czy można to prać ręcznie/w pralce?**	tché **moj**na to prats^{y} **regn**tchgnè/f **pral**tsè
Est-ce que ça risque de rétrécir au lavage?	**Czy to się zbiegnie?**	tché to s^{y}è **zbyèg**gnè

Taille *Wymiary*

Je prends du 38.	**Mam rozmiar trzydzieści osiem.**	mam **roz**myar tché**dz**^{y}**ès**^{y}ts^{y}i **os**^{y}èm
Pouvez-vous prendre mes mesures?	**Czy może mnie pan[i] zmierzyć?**	tché **mo**jè mgnè pan [**pa**gni] zmy**è**jéts^{y}
Je ne connais pas les tailles polonaises.	**Nie znam polskiej numeracji.**	gne znam **pols**kyèy noumè**ra**tsyi

Les tailles peuvent varier d'un fabricant à l'autre. Il est donc conseillé d'essayer vêtements et chaussures avant de les acheter.

Un bon essayage? *Czy to pasuje?*

Puis-je l'essayer?	**Czy mogę to przymierzyć?**	tché **mo**gè to pché**myè**jéts^{y}
Où sont les cabines d'essayage?	**Gdzie jest przymierzalnia?**	gdz^{y}è yèst pchémyè**jal**gna
Y a-t-il un miroir?	**Czy jest tu lustro?**	tché yèst tou **lous**tro
Ça va très bien.	**Świetnie pasuje.**	**s**^{y}**fyèt**gnè pa**sou**yè
Ça ne va pas.	**Nie pasuje.**	gne pa**sou**yè
C'est trop ...	**Jest za ...**	yèst za
court/long	**krótki/długi**	**krout**ki/**d**^{ou}**ou**gi
étroit/ample	**ciasny/luźny**	**ts**^{y}**as**né/**luoz**^{y}né
Il faudra combien de temps pour les retouches?	**Ile czasu zajmie zrobienie poprawek?**	**i**lè **cha**sou **zay**myè zro**byè**gne po**pra**vèk

NOMBRES, voir page 147

Vêtements et accessoires *Ubrania i dodatki*

Je voudrais…	**Poproszę…**	po**pro**chè
anorak	**wiatrówkę**	vya**trouf**kè
bas	**pończochy**	pogn**tcho**KHé
bonnet de bain	**czepek kąpielowy**	**tchè**pèk kompyè**lo**vé
bretelles	**szelki**	**chèl**ki
caleçon	**kalesonki**	kalè**son**ki
cardigan	**sweter rozpinany**	**sfè**tèr rospi**na**né
casquette	**czapkę**	**tchap**kè
chandail	**sweter**	**sfe**tèr
chapeau	**kapelusz**	ka**pè**louch
chaussettes	**skarpetki**	skar**pèt**ki
chaussettes (mi-bas)	**podkolanówki**	potkola**nouf**ki
chemise	**koszulę**	ko**chou**lè
chemise de nuit	**koszulę nocną**	ko**chou**lè notsno^{n}
chemisier	**bluzkę**	**blous**kè
collant	**rajstopy**	ray**sto**pé
combinaison	**halkę**	**KHal**kè
complet	**garnitur**	gar**ni**tour
costume	**ubranie**	ou**bra**gnè
cravate	**krawat**	**kra**vat
écharpe	**szalik**	**cha**lik
foulard	**szalik**	**cha**lik
gaine	**pas elastyczny, pasek**	pas èla**stétch**né, **pa**sèk
gaine-culotte	**majtki elastyczne**	**may**tki èla**stétch**nè
gants	**rękawiczki**	rènka**vitch**ki
gilet	**kamizelkę**	kami**zèl**kè
imperméable	**płaszcz przeciwdeszczowy**	p^{OU}achtch pchètsifdèch**tcho**vé
jean	**dżinsy**	**djin**sé
jupe	**spódnicę**	spoud**gni**tsè
maillot de bain	**kostium kąpielowy**	**kos**tyoum kompyè**lo**vé
maillot de bain (hommes)	**kąpielówki**	kompyè**louf**ki
maillot de corps	**podkoszulkę**	potko**choul**kè
manteau	**płaszcz**	p^{OU}achtch
mouchoir	**chusteczkę**	KHou**stètch**kè
nœud papillon	**muszkę**	**mouch**kè
paire de…	**parę…**	**pa**rè
pantalon	**spodnie**	**spod**gnè
parapluie	**parasol**	pa**ra**sol
parka	**ciepłą kurtkę**	**ts^{y}è**p^{OU}o^{n} **kourt**kè
peignoir	**szlafrok**	**chla**frok
peignoir de bain	**płaszcz kąpielowy**	p^{OU}achtch kompyè**lo**vé

pullover	**pulower**	poulovèr
à col en V	**z wycięciem w szpic**	z véts^{y}ènts^{y}èm f chpits
à col rond	**z okrągłym wycięciem**	z okrong^{OU}ém véts^{y}ènts^{y}èm
à col roulé	**półgolf**	pou^{OU}golf
à manches longues/courtes	**z długimi/krótkimi rękawami**	z d^{OU}ogimi/kroutkimi rènkavami
sans manches	**bez rękawów**	bes rènkavouf
pyjama	**piżamę**	pijamè
robe	**sukienkę**	soukyènkè
à manches longues	**z długimi rękawami**	z d^{OU}ougimi rènkavami
à manches courtes	**z krótkimi rękawami**	z kroutkimi rènkavami
sans manches	**bez rękawów**	bèz rènkavouf
robe de chambre	**szlafrok**	chlafrok
robe du soir	**suknię wieczorową**	soukgne vyètchorovo^{n}
sac à main	**torebkę**	torèpkè
salopette	**kombinezon**	kombinèzon
short	**szorty**	chorté
slip	**majtki**	maytki
slip (hommes)	**spodnie**	spodgnè
survêtement	**dres**	drès
sweatshirt	**sweter sportowy**	sfètèr sportové
tailleur	**kostium**	kostyoum
tricot	**sweter**	sfètèr
T-shirt	**koszulkę bawełnianą**	kochoulkè bave^{OU}gnano^{n}
veste	**marynarkę**	marénarkè

boucle	**klamrę**	klamrè
bouton	**guzik**	gouz^{y}ik
ceinture	**pasek**	pasèk
col	**kołnierzyk**	ko^{OU}gnèjék
fermeture éclair®	**zamek błyskawiczny**	zamèk b^{OU}éskavitchné
poche	**kieszeń**	kyèchègn
pression	**zatrzask**	zat-chask

Chaussures *Buty*

Je voudrais une paire de...	**Poproszę parę...**	poprochè parè
bottes	**butów**	boutouf
chaussons de gym	**trampek**	trampèk
chaussures	**buty**	bouté
plates	**na płaskim obcasie**	na p^{OU}askim optsas^{y}è
à talon	**na wysokim obcasie**	na vésokim optsas^{y}è
à semelles en cuir	**na skórzanej podeszwie**	na skoujanèy podèchfye
à semelles en élastomère	**na gumowej podeszwie**	na goumovèy podèchfye
mocassins	**mokasynów**	mokasénouf
pantoufles	**pantofle domowe**	pantoflè domovè
sandales	**sandałów**	sanda^{OU}ouf
tennis	**tenisówek**	tègnisouvèk
Elles sont trop...	**One są zbyt...**	onè so^{n} zbét
étroites/larges	**wąskie/szerokie**	vo^{n}skyè/chèrokyè
grandes/petites	**duże/małe**	doujè/ma^{OU}è
Avez-vous une pointure plus grande/plus petite?	**Czy ma pan[i] większy/mniejszy rozmiar?**	tché ma pan [pagni] viènkché/mgneyché rozmyar
Avez-vous les mêmes en noir?	**Czy ma pan[i] takie tylko czarne?**	tché ma pan [pagni] tak^{y}è tylko tchargnè
caoutchouc	**guma**	gouma
cuir	**skóra**	skoura
daim	**zamsz**	zamch
en toile	**materiał**	materya^{OU}
Est-ce du cuir véritable?	**Czy to jest prawdziwa skóra?**	tché to yèst pravdz^{y}iva skoura
Je voudrais du cirage/des lacets.	**Potrzebuję pastę do butów/sznurowadła.**	potchèbouyè pastè do boutouf/chnourovad^{OU}a

Vos chaussures sont usées? Voilà comment les faire réparer:

Pouvez-vous réparer ces chaussures?	**Czy może pan[i] naprawić te buty?**	tché mojè pan [pagni] napravits^{y} tè bouté
Pouvez-vous recoudre ceci?	**Czy może pan[i] to zszyć?**	tché mojè pan [pagni] to schyts^{y}
Je voudrais un ressemelage et de nouveaux talons.	**Poproszę nowe podeszwy i obcasy.**	poprochè novè podèchfé i obtsasé
Quand seront-elles prêtes?	**Kiedy to będzie gotowe?**	kyèdé to bèndz^{y}è gotovè

Librairie—Papeterie *Księgarnia—Sklep papierniczy*

Les librairies et les papeteries sont en général séparées. Les journaux, magazines, cartes de téléphone, timbres et petits articles de papeterie sont vendus chez les marchands de journaux, appelés kiosk. On peut se procurer des journaux et revues étrangers chez les marchands de journaux ou les kiosques de taille plus importante.

Où est… le/la plus proche?	**Gdzie tu jest w pobliżu…?**	gdz^{y}è tou yèst f po**bli**jou
librairie	**księgarnia**	ks^{y}èn**gar**gna
papeterie	**sklep papierniczy**	sklèp papyèr**gni**tché
kiosque à journaux	**kiosk**	kyosk
Où puis-je acheter un journal en français?	**Gdzie mogę kupić francuską gazetę?**	gdz^{y}è **mo**gè **kou**pits^{y} fran**tsou**sko^{n} ga**zè**tè
Où sont les guides de voyage?	**Czy mają państwo przewodniki?**	tché **ma**jo^{n} **pagn**sfo pchèvod**gni**ki
Où se trouvent les livres en français?	**Czy mają państwo dział francuskojęzyczny**	tché **ma**jo^{n} **pagn**sfo dz^{y}a^{OU} fran**tsous**koye^{n}**zé**tchné
Avez-vous des livres de… en français?	**Czy ma pan[i] jakieś francuskie tłumaczenie książek…?**	tché ma pan [**pa**gni] **ya**kyès^{y} fran**tsous**kyè t^{OU}ouma**tchè**gnè **ks^{y}o^{n}**jèk
Avez-vous des livres d'occasion?	**Czy są jakieś używane książki?**	tché so^{n} **ya**kyès^{y} ouj**é**va**nè** **ks^{y}o^{n}**chki
Je voudrais acheter…	**Chcę kupić…**	KHtsè **kou**pits^{y}
agrafes	**zszywacze**	sché**va**tchè
bloc-notes	**blok listowy**	blok lis**to**vé
boîte de peinture	**farby**	**far**bé
cahier	**zeszyt**	**zè**chét
calculatrice de poche	**kalkulator**	kalkou**la**tor
calendrier	**kalendarz**	ka**lèn**dach
carnet d'adresses	**książkę adresową**	**ks^{y}o^{n}ch**kè adrè**so**vo^{n}
carte postale	**pocztówkę**	potch**touf**kè
carte	**mapę**	**ma**pè
plan de ville	**plan miasta**	plan **mya**sta
carte routière de…	**mapę drogową…**	**ma**pè dro**go**vo^{n}
cartes à jouer	**karty do gry**	**kar**té do gré
colle	**klej**	klèy
crayon de papier	**ołówek**	o^{OU}**ou**vèk

COULEURS, voir page 112

crayons de couleur	**kredki**	**krè**tki
dictionnaire	**słownik**	**s^{OU}ov**gnik
français-polonais	**polsko-francuski**	**pol**sko-fran**tsous**ki
polonais-français	**francusko-polski**	fran**tsous**ko-**pol**ski
de poche	**kieszonkowy**	kyèchon**ko**vé
encre	**atrament**	a**tra**mènt
noire/rouge/bleue	**czarny/czerwony/niebieski**	**tchar**né/tchèr**vo**né/nyè**byès**ki
enveloppes	**koperty**	ko**pèr**té
étiquettes autocollantes	**naklejki samoprzylepne**	na**klèy**ki samopché**lèp**nè
ficelle	**sznurek**	**chnou**rèk
gomme	**gumkę**	**goum**kè
guide	**przewodnik**	pchè**vod**gnik
guide de voyage	**przewodnik turystyczny**	pchè**vod**gnik touré**sté**tchné
journal	**gazetę**	ga**zè**tè
belge/français/suisse	**belgijską/francuską/swajcarską**	bèl**giy**sko^{n}/fran**tsous**ko^{n}/chfay**tsar**sko^{n}
livre	**książkę**	**ks^{y}o^{n}ch**kè
livre de grammaire	**podręcznik gramatyki**	pod**rentch**gnik grama**té**ki
livre de poche	**książkę**	**ks^{y}o^{n}ch**kè
magazine	**czasopismo**	tchaso**pis**mo
papier	**papier**	**pa**pyèr
papier à dessin	**blok rysunkowy**	blok résoun**ko**vé
papier à machine	**papier maszynowy**	**pa**pyèr maché**no**vè
papier carbone	**kalkę**	**kal**kè
porte-mine	**ołówek automatyczny**	o^{OU}**ou**vèk aoutoma**téch**né
punaises	**pineski**	pi**nès**ki
recharge	**wkład (do długopisu)**	fk^{OU}at (do d^{OU}ougo**pi**sou)
règle	**linijkę**	li**gniy**kè
ruban adhésif	**taśmę klejącą**	**tas^{y}**mè klè**yon**tso^{n}
ruban de machine à écrire	**taśmę do maszyny**	**tas^{y}**mè do ma**ché**né
serviettes en papier	**serwetki papierowe**	sèr**vèt**ki papyè**ro**vè
stylo	**pióro**	**pyou**ro
stylo à bille	**długopis**	d^{OU}ou**go**pis
stylo encre	**pióro**	**pyou**ro
stylo feutre	**mazak, flamaster**	**ma**zak, fla**mas**tèr
taille-crayon	**temperówkę**	tèmpè**rouf**kè
trombones	**spinacze**	spi**na**tchè

Opticien *Optyk*

J'ai cassé mes lunettes.	**Zepsuły mi się okulary.**	zè**psou**^{OU}é mi s^{y}è okou**la**ré
Pouvez-vous les réparer?	**Czy może mi je pan[i] naprawić?**	tché **mo**jè mi yè pan [**pa**gni] na**pra**vits^{y}?
Quand seront-elles prêtes?	**Kiedy będą gotowe?**	**kyè**dé **bèn**do^{n} go**to**vè
Pouvez-vous changer les verres?	**Czy może pan[i] zmienić szkła**	tché **mo**jè pan [**pa**gni] **zmyè**nits^{y} chk^{OU}a
Je voudrais des verres teintés.	**Poproszę szkła przydymione.**	po**pro**chè chk^{OU}a pchédé**myo**nè
La monture est cassée.	**Oprawka się złamała.**	o**praf**ka s^{y}è z^{OU}**ama**^{OU}a
Je voudrais un étui à lunettes.	**Poproszę futerał na okulary.**	po**pro**chè fou**tè**ra^{OU} na okou**la**ré
Je voudrais faire contrôler ma vue.	**Chciał(a)bym zrobić badanie wzroku.**	**KHts^{y}a^{OU}**bém (**KHts^{y}a^{OU}**abém) **zro**bits^{y} ba**da**gnè **vzro**kou
Je suis myope/ presbyte.	**Jestem krótkowidzem/dalekowidzem.**	**yes**tèm kroutko**vi**dzèm/ dalèko**vi**dzèm
Je voudrais des verres de contact/ lentilles.	**Chciał(a)bym zamówić soczewki kontaktowe.**	**KHts^{y}a^{OU}**bém (**KHts^{y}a^{OU}**abém) za**mou**vits^{y} so**tchef**ki kontak**to**vè
J'ai perdu une lentille.	**Zgubiłem (Zgubiłam) soczewkę kontaktową.**	zgou**bi**^{OU}èm (zgou**bi**^{OU}am) so**tchef**ki kontak**to**vè
Pourriez-vous m'en donner une autre?	**Czy mogę dostać soczewkę do pary?**	tché **mo**gè **dos**tats^{y} so**tchef**kè do **pa**ré
J'ai des lentilles dures/souples.	**Mam twarde/ miękkie soczewki.**	mam **tfar**dè/**myèn**kyè so**tchef**ki
Avez-vous du liquide pour lentilles?	**Czy jest płyn do soczewek kontaktowych?**	tché yèst p^{OU}én do so**tchè**vèk kontak**to**véKH
Je voudrais acheter des lunettes de soleil.	**Chciał(a)bym kupić okulary słoneczne.**	**KHts^{y}a^{OU}**bém (**KHts^{y}a^{OU}**abèm) **kou**pits^{y} okou**la**ré s^{OU}o**nètch**nè
Puis-je me voir dans un miroir?	**Czy mogę się przejrzeć w lustrze?**	tché **mo**gè s^{y}è **pchèy**jèts^{y} v **lous**tchè
Je voudrais acheter des jumelles.	**Poproszę lornetkę.**	po**pro**chè lor**nèt**kè

Pharmacie *Apteka*

Il existe deux types de pharmacies en Pologne. Les pharmacies (*apteka*) vendent des médicaments et autres produits de santé; certaines vendent aussi parfois des produits de toilette. Les *drogeria* vendent des articles de toilette, des produits de beauté et des parfums. Vous verrez peut-être aussi une *perfumeria* qui se spécialise uniquement dans les produits de beauté.

En dehors des heures normales d'ouverture, les pharmacies sont ouvertes à tour de rôle—dans les villes plus importantes, il y a quelques pharmacies de garde 24h sur 24h. De même, à la campagne, vous trouverez une pharmacie ouverte dans les bourgs de taille moyenne ou les villes. Toutes les pharmacies affichent l'adresse de l'*apteka* la plus proche ouverte toute la nuit.

Généralités *Różne*

Où est la pharmacie (de garde) la plus proche?	**Gdzie jest najbliższa (całodobowa) apteka?**	gdz^{y}è yèst nay**blich**-cha (tsa^{OU}odo**bo**va) ap**tè**ka
A quelle heure ouvre/ferme la pharmacie?	**O której otwierają/ zamykają aptekę?**	o **ktou**rèy otfyè**ra**yo^{n}/ zamé**ka**yo^{n} ap**tè**kè

1—Médicaments *Leki*

Je voudrais quelque chose contre…	**Poproszę coś na…**	po**pro**chè tsos^{y} na
coups de soleil	**oparzenie słoneczne**	opa**jè**gna s^{OU}**onètch**nè
indigestion	**ból żołądka**	boul jo^{OU}**ont**ka
le rhume/la toux	**katar/kaszel**	**ka**tar/**ka**chèl
mal du voyage	**chorobę lokomocujną**	KHo**ro**bè lokomo**tséy**no^{n}
piqûres d'insectes	**ukąszenie owada**	ouko^{n}**chè**gnè o**va**da
rhume des foins	**katar sienny**	**ka**ter **s^{y}è**nné
Pouvez-vous me préparer cette ordonnance, s.v.p.?	**Czy może pan[i] zrobić to lekarstwo?**	tché **mo**jè pan [**pa**gni] **zro**bits^{y} to lè**kars**tfo
Puis-je l'obtenir sans ordonnance?	**Czy mogę to dostać bez recepty?**	tché **mo**gè to **dos**tats^{y} bès rèt**sèp**té
Dois-je attendre?	**Czy mam poczekać?**	tché mam po**tchè**kats^{y}

MÉDECIN, voir page 137

Puis-je avoir...?	**Poproszę...?**	po**pro**chè
analgésique	**lek przeciwbólowy**	lèk pchèts^{y}ifbou**lo**vé
aspirine	**aspirynę**	aspi**ré**nè
bandage	**bandaż**	**ban**daj
bandage élastique	**bandaż elastyczny**	**ban**daj èlas**tétch**né
bombe contre les insectes	**spray przeciw owadom**	sprèy **pchè**cif o**va**dom
comprimés contre...	**... tabletki**	ta**blè**tki
contraceptifs	**środki antykoncepcyjne**	**s^{y}rot**ki antékontsèp**téy**nè
coton hydrophile	**watę**	**va**tè
crème antiseptique	**krem antyseptyczny**	krèm antésèp**tétch**né
désinfectant	**środek dezynfekujący**	**s^{y}ro**dèk dèzénfèkuo**yon**tsé
emplâtres pour cors	**plaster na odciski**	**plas**tèr na otts^{y}**is**ki
gargarisme	**płyn do ust**	p^{OU}én do oust
gaze	**gazę opatrunkową**	**ga**zè opatroun**ko**vo^{n}
gouttes pour le nez	**krople do nosa**	**kro**plè do **no**sa
gouttes pour les oreilles	**krople do uszu**	**kro**plè do **ou**chou
gouttes pour les yeux	**krople do oczu**	**kro**plè do **o**tchou
iode	**jodynę**	yo**dé**nè
laxatif	**środek na przeczyszczenie**	**s^{y}ro**dèk na pchètché**chtchè**gnè
pansements	**plaster**	**plas**tèr
pastilles contre la toux	**tabletki przeciwkaszlowe**	ta**blè**tki pchecifka**chlo**vè
pastilles pour la gorge	**tabletki do ssania**	ta**blè**tki do **s-sa**gna
préservatifs	**prezerwatywy**	prèzèrva**té**vé
serviettes hygiéniques	**podpaski higieniczne**	pod**pas**ki кнigyè**gnitch**nè
somnifère	**tabletki nasenne**	ta**blè**tki na**sen**-nè
sparadrap®	**plaster z opatrunkiem**	**plas**tèr z opa**troun**kyèm
suppositoires	**czopki**	**tchop**ki
tampons hygiéniques	**tampony**	tam**po**né
thermomètre	**termometr**	tèr**mo**mètr
tranquillisants	**środek uspokajający**	**s^{y}ro**dèk ouspokaya**yon**tsé
trousse de premiers soins	**apteczkę podręczną**	ap**tètch**kè pod**rèntch**no^{n}
vitamines	**witaminy**	vita**mi**né

TRUCIZNA	POISON
DO UŻYTKU ZEWNĘTRZNEGO	POUR USAGE EXTERNE

2—Cosmétiques *Artykuły toaletowe*

Je voudrais…	**Poproszę…**	po**pro**chè
astringent	**środek tamujący krwawienie**	s^{y}**ro**dèk tamou**yon**tsé krfa**vyè**gnè
bain moussant	**płyn do kąpieli**	p^{OU}én do kom**pyè**li
blaireau	**pędzel do golenia**	**pèn**dzèl do go**le**gna
blush	**róż**	rouch
brosse à dents	**szczoteczka do zębów**	chtcho**tètch**ka do **zèm**bouf
brosse à ongles	**szczotkę do rąk**	**chtchot**ka do ronk
ciseaux à ongles	**nożyczki do paznokci**	no**jétch**ki do paz**nokts**^{y}i
cotons à démaquiller	**tusz do rzęs**	touch do jèns
coupe-ongles	**cążki do paznokci**	**tso**^{n}**ch**ki do paznokts^{y}i
crayon à soucils	**ołówek do powiek**	o^{OU}**ou**vèk do **po**vyèk
crème à raser	**krem do golenia**	krèm do go**lè**gna
crème	**krem**	krèm
de nuit	**krem na noc**	krèm na nots
fond de teint	**podkład**	**potk**^{OU}at
hydratante	**krem nawilżający**	krèm navilja**yon**tsé
nettoyante	**mleczko kosmetyczne**	**mletch**ko kosmè**tétch**nè
crème pour les mains	**krem do rąk**	krèm do ronk
crème pour les pieds	**krem do stóp**	krèm do stoup
crème solaire	**krem do opalania**	krèm do opa**la**gna
démaquillant	**płatki do zmywania makijażu**	p^{OU}**at**ki do zmé**va**gna maki**ya**jou
dentifrice	**pasta do zębów**	**pas**ta do **zèm**bouf
déodorant	**dezodorant**	dèzo**do**rant
dissolvant	**płyn do zmywania lakieru**	p^{OU}én do zmé**va**gna la**kyè**rou
eau de toilette	**woda toaletowa**	**vo**da toalè**to**va
épingles de sûreté	**agrafki**	a**graf**ki
éponge	**gąbka**	**gomp**ka
eye-liner	**ołówek do oczu**	o^{OU}**ou**vèk do **ot**chou
fard à joues	**róż**	rouch
fard à paupières	**cień do powiek**	ts^{y}ègn do **po**vyèk
houpette	**puszek**	**pou**chèk
huile solaire	**olejek do opalania**	o**lè**yèk do opa**la**gna
lames de rasoir	**żyletki**	jé**lèt**ki

lime à ongles	**pilnik**	pilgnik
lotion après-rasage	**płyn po goleniu**	p^{OU}én po golègnou
mouchoirs en papier	**chusteczki jednorazowe**	KHoustètchki yèdnorazovè
papier hygiénique	**papier toaletowy**	papyèr toalètové
parfum	**perfumy**	pèrfoumé
pince à épiler	**peseta**	pèsèta
poudre	**puder**	poudèr
rasoir	**maszynką do golenia**	machénka do golègna
rouge à lèvres	**kredkę do ust**	krèdkè do oust
savon	**mydło**	méd^{OU}o
sels de bain	**sole kąpielowe**	sole kompyèlovè
serviette	**ręcznik**	re^{n}tchgnik
stick-lèvres	**pomadkę ochronną do ust**	pomadkè oKHron-no^{n} do oust
talc	**talk**	talk
vernis à ongles	**lakier do paznokci**	lakyèr do paznokts^{y}i

Pour vos cheveux *Przybory do włosów*

bigoudis	**lokówki**	lokoufki
brosse à cheveux	**szczotka do włosów**	chtchotka do v^{OU}osouf
coloration	**odcień**	otts^{y}ègn
épingles à cheveux	**szpilki do włosów**	chpilki do v^{OU}osouf
fixatif	**utrwalacz**	outrfalatch
gel pour cheveux	**żel do włosów**	jèl do v^{OU}osouf
laque	**lakier do włosów**	lakyèr do v^{OU}osouf
lotion capillaire	**odżywka do włosów**	odjéfka do v^{OU}osouf
peigne	**grzebień**	gjèbyègn
perruque	**peruka**	pèrouka
pinces à cheveux	**klipsy do włosów**	klipsé do v^{OU}osouf
shampooing colorant	**szampon koloryzujący**	champon kolorézouyontsé
shampooing pour cheveux secs/gras	**szampon do włosów suchych/tłustych**	champon do v^{OU}osouf souKHéKH/t^{OU}ostéKH
shampooing sec	**suchy szampon**	souKHé champon
teinture	**farba do włosów**	farba do vouosouf

Pour bébé *Artykuły dla dzieci*

aliments pour bébé	**jedzenie dla dzieci**	yèdzègnè dla dz^{y}èts^{y}i
biberon	**butelka**	boutèlka
couches	**pieluszki**	pyèlouchki
tétine	**smoczek**	smotchèk

Photographie *Fotografika*

Je voudrais un appareil-photo...?	**Poproszę... aparat fotograficzny.**	po**pro**chè... a**pa**rat fotogra**fitch**né
automatique	**automatyczny**	aoutoma**tétch**né
bon marché	**niedrogi**	gnè**dro**gi
simple	**prosty**	**pro**sté
Pouvez-vous me montrer des..., s.v.p.?	**Czy może mi pan[i] pokazać...**	tché **mo**jè mi pan [**pa**gni] po**ka**zats^{y}
caméras	**kamery filmowe**	ka**mè**ré fil**mo**vè
caméras video	**kamery wideo**	ka**mè**ré vi**dè**o
Je voudrais me faire faire des photos d'identité.	**Chciał(a)bym zrobić sobie zdjęcie paszportowe.**	**KHts^{y}a^{OU}**bém (**KHts^{y}a^{OU}**abém) **zro**bits^{y} **so**byè **zdyègn**ts^{y}è pachpor**to**vè

Pellicules *Film*

Je voudrais une pellicule pour cet appareil-photo.	**Proszę film do tego aparatu.**	**pro**chè film do **tè**go apa**ra**tou
noir et blanc	**czarno-biały**	**tchar**no-**bya**^{OU}é
couleur	**kolorowy**	kolo**ro**vé
pour négatifs couleurs	**kolorowy film negatywowy**	kolo**ro**vé film nèga**té**vové
pour diapositives	**przeźrocza**	pchèz^{y}**ro**tcha
bobine	**rolkę filmu**	**rol**kè **fil**mou
cassette vidéo	**kasetę wideo**	ka**sè**tè vi**dè**o
chargeur	**kaseta**	ka**sè**ta
disque film	**film w dysku**	film v **dés**kou
24/36 poses	**24 klatki/36 klatek**	24 **klat**ki/36 **kla**tek
de cette taille	**tego rodzaju**	**tè**go ro**dza**you
de ce numéro ASA/DIN	**tej czułości ASA/DIN**	tèy tchou^{OU}**os**^{y}ts^{y} ASA/DIN
à grain fin	**niskoziarnisty**	gniskoz^{y}**a**gnisté
pour lumière artificielle	**do zdjęć przy sztucznym oświetleniu**	do zdyènts^{y} pché **chtoutch**ném os^{f}yèt**lè**gnou
pour lumière naturelle	**do zdjęć przy świetle naturalnym**	do zdyènts^{y} pchê **s^{y}fyè**tlè natou**ral**ném
ultrarapide	**czuły**	**tchou**^{OU}é

Développement *Wywoływanie*

Combien coûte le développement?	**Ile kosztuje wywołanie filmu?**	ilè ko**chtou**yè vévo^{OU}**a**gnè **fil**mou

Je voudrais... copies de chaque négatif.	**Proszę o... odbitek z każdego negatywu.**	prochè o... odbitèk s kajdègo nègatévou
en mat	**na matowym papierze**	ma matovém papyèjè
en brillant	**na błyszczącym papierze**	na b^{OU}échtchontsém papyèjè
Pourriez-vous agrandir ceci, s.v.p.?	**Proszę to powiększyć.**	prochè to povyènkchéts^{y}
Quand les photos seront-elles prêtes?	**Kiedy zdjęcia będą gotowe?**	kyèdé zdyènts^{y}a bèdo^{n} gotovè

Accessoires et réparations *Akcesoria i naprawy*

Je voudrais...	**Poproszę...**	poprochè
capuchon d'objectif	**przykrywkę na obiektyw**	pchékréfkè na obyèktéf
déclencheur	**wężyk do migawki**	ve^{n}jék do migafki
étui à appareil-photo	**futerał do aparatu**	foutèra^{OU} do aparatou
filtre	**filtr**	filtr
pour noir et blanc	**czarno-biały**	tcharno-bya^{OU}é
pour couleur	**barwny**	barvné
flash (électronique)	**lampę błyskową**	lampè b^{OU}éskovo^{n}
objectif	**obiektyw**	obyèktéf
téléobjectif	**teleobiektyw**	tèlèobyèktéf
grand-angle	**obiektyw szerokokątny**	obyèktéf chèrokokontné
pile	**baterię**	batèryè
Pouvez-vous réparer cet appareil-photo, s.v.p.?	**Czy może pan[i] naprawić ten aparat?**	tché mojè pan [pagni] napravits^{y} tèn aparat
La pellicule est coincée.	**Film się zaciął.**	film s^{y}è zats^{y}o^{OU}
Quelque chose ne va pas au niveau du/de la...	**Nie działa...**	gnè dz^{y}a^{OU}a
cellule (photo-électrique)	**światłomierz**	s^{y}fyat^{OU}omyèj
compte-poses	**licznik zdjęć**	litchgnik zdyènts^{y}
glissière du flash	**połączenie z lampą błyskową**	po^{OU}ontchègnè z lampo^{n} b^{OU}éskovo^{n}
levier d'avancement	**przewijanie filmu**	pchèviyagne filmou
objectif	**obiektyw**	obyèktéf
obturateur	**migawka**	migafka
télémètre	**dalmierz**	dalmyèj

Divers *Różne*

Souvenirs *Upominki*

Pour acheter des souvenirs, essayez de trouver un magasin *Cepelia*. Ils se spécialisent dans la vente d'objets artisanaux de bonne qualité allant du linge brodé traditionnel aux magnifiques tapisseries en passant par les objets en bois sculptés à la main.

Peut-être aurez-vous aussi envie d'aller faire un tour dans les magasins *Desa* pour y acheter des bibelots, du verre taillé polonais et d'autres antiquités de plus grande valeur, y compris de l'argenterie ancienne. N'oubliez pas de vous renseigner au sujet des droits d'exportations; pour certaines antiquités, il faut avoir un permis spécial d'exportation.

album	**al**boum	livre sur l'art
bizuteria srebrna	bijou**tè**rya **srè**brna	verre taillé
bluzka wyszywana	**blous**ka véché**va**na	chemisier brodé
bursztyn	**bourch**tén	ambre
ceramika	tsèra**mi**ka	céramique
dywan	**dé**van	tapis
garnki	**garn**ki	poterie
gobeliny	gobè**li**né	tapisseries
koronki	ko**ron**ki	dentelle
kryształy	kréch**ta**^{OU}é	bijoux fantaisie
laleczki z Cepelii	la**lètch**ki s tsè**pè**lyi	poupées en costume folklorique
lichtarze	liKH**ta**jè	chandeliers
malowanki	malo**van**ki	tableaux
malowanki ludowe	malo**van**ki lou**do**vè	peintures régionales
muzyka ludowa	**mou**zéka lou**do**va	musique folklorique
obrus wyszywany	**o**brous véché**va**né	nappe brodée
pościel wyszywana	**pos**^{y}ts^{y}yèl véché**va**na	linge brodé
rzeczy tkane ręcznie	**jè**tché **tka**nè **rèntch**gnè	objets tissés main
srebro	**srè**bro	argenterie
świątki	s^{y}**fyon**tki	sculptures religieuses sur bois
szachy	**cha**KHé	jeu d'échecs
wycinanki ludowe	véts^{y}**nan**ki lou**do**vè	collages décoratifs en papier découpé
wzorzyste parawaniki	wzo**jés**tè parava**gni**ki	paravents en soie peinte

NOMBRES, voir page 147

Disques—Cassettes *Płyty—Kasety*

Je voudrais…	Poproszę…	poprochè
cassette	kasetę	kasètè
cassette vidéo	kasetę wideo	kasètè vidèo
compact disc	płytę kompaktową	p^{OU}étè kompaktovo^{n}

33 tours	płyta długogrająca	p^{OU}éta d^{OU}ougograyontsa
45 tours	singiel	singyèl

Avez-vous des disques de…?	Czy ma pan[i] jakieś płyty…?	tché ma pan [pagni] yakyès^{y} p^{OU}été
Puis-je écouter ce disque?	Czy mogę przesłuchać tę płytę?	tché mogè pchès^{OU}ouKHats^{y} tè p^{OU}étè
chanson folklorique	pieśni ludowe	pyès^{y}gni loudovè
jazz	jazz	djèz
musique classique	muzyka klasyczna	mouzéka klasétchna
musique de chambre	muzyka kameralna	mouzéka kamèralna
musique folklorique	muzyka ludowa	mouzéka loudova
musique instrumentale	muzyka instrumentalna	mouzéka instroumèntalna
musique légère	muzyka lekka	mouzéka lek-ka
musique pop	muzyka młodzieżowa	mouzéka m^{OU}odz^{y}èjova
musique symphonique	muzyka symfoniczna	mouzéka sémfognitchna

Jouets *Zabawki*

Je voudrais un jouet/jeu…	Poproszę zabawkę/grę…	poprochè zabafkè/grè
pour un garçon	dla chłopca	dla KH^{OU}optsa
pour une fillette de cinq ans	dla pięcioletniej dziewczynki	dla pyègnts^{y}olètgnèy dz^{y}èftchénki
ballon (de plage)	piłkę (plażową)	pi^{OU}kè (plajovo^{n})
jeu de cartes	karty do gry	karté do gré
jeu d'échecs	szachy	chaKHé
jeu de construction	klocki	klotski
jeu électronique	grę elektroniczną	grè èlèktrognitchno^{n}
livre à colorier	książkę do kolorowania	ks^{y}o^{n}chkè do kolorovagna
ours en peluche	misia	mis^{y}a
patins à roulettes	wrotki	vrotki
poupée	lalkę	lalkè
seau et pelle	łopatkę i wiaderko	^{OU}opatkè i vyadèrko
tuba	maskę do pływania	maskè do p^{OU}évagna
voiture miniature	samochodzik	samoKHodzik

Votre argent: banques—change

L'unité monétaire principale est le złoty, qui signifie morceau d'or. En principe, les pièces ne sont plus utilisées. Les billets de banque en circulation sont 50, 100, 200, 500, 1.000, 2.000, 5.000, 10.000, 50.000, 100.000, 500.000, 1.000.000, et 2.000.000 zlotys.

Les billets varient seulement en couleur, non en taille et il faut se méfier des ressemblances entre les billets de 1.000 et 100.000 et ceux de 50.000 et 500.000 *złotys*.
On trouve des bureaux de change dans de nombreuses banques, par exemple la Banque Nationale de Pologne (*NPB—Narodowy Bank Polski*). Normalement, les banques ferment à une heure de l'après-midi, bien que certains jours elles restent parfois ouvertes plus longtemps. On peut aussi changer de l'argent dans certaines agences de voyage, hôtels, et dans plusieurs petits bureaux de change appelés *kantor*.

Tous les chèques de voyage connus sont acceptés par les bureaux de change officiels. Les cartes de crédit sont de plus en plus souvent acceptées par un grand nombre d'hôtels, de restaurants et de magasins. On peut aussi obtenir des avances en liquide sur des cartes de crédit dans tous les hôtels Orbis si l'on y séjourne, ou auprès des branches principales d'Orbis.

Où est la banque la plus proche?	**Gdzie jest najbliższy bank?**	gdz^{y}è yèst nay**blich**ché bank
Où est le bureau de change le plus proche?	**Gdzie jest najbliższy kantor wymiany walut?**	gdz^{y}è yèst nay**blich**ché **kan**tor vé**mya**né **va**lout

A la banque *W banku*

Je voudrais changer des francs français.	**Chciał(a)bym wymienić trochę francuskich franków.**	**KHts^{y}a**^{OU}bém (**KHts^{y}a**^{OU}abém) vé**myè**nits^{y} **tro**KHè fran**tsous**kiKH **fran**kouf

Je voudrais encaisser un chèque de voyage.	**Chciał(a)bym zrealizować czek podróżny.**	KHts^{y}a^{OU}bém (KHts^{y}a^{OU}abèm) zrèalizovats^{y} tchèk podroujné
Quel est le taux?	**Jaki jest kurs wymiany?**	yaki yèst kours vémyané
Quelle commission prenez-vous?	**Jaka jest opłata manipulacyjna?**	yaka yèst op^{OU}ata magnipoulatséyna
Puis-je toucher un chèque à ordre?	**Czy realizują państwo czeki imienne?**	tché rèalizouyo^{n} pagnstfo tchèki imyennè
Pouvez-vous envoyer un télex à ma banque à Genève?	**Czy może pan[i] wysłać teleks do mojego banku w Genevie?**	tché mojè pan [pagni] vés^{OU}ats^{y} tèlèks do moyègo bankou v gènèvyè
J'ai ...	**Mam ...**	mam
carte de crédit	**kartę kredytową**	kartè krèdétovo^{n}
Eurochèques	**Euroczeki**	eourotchèki
lettre de crédit	**list kredytowy**	list krèdétové
J'attends de l'argent de Paris. Est-il arrivé?	**Spodziewam się przekazu pieniężnego z Paryża. Czy już nadszedł?**	spodz^{y}èvam s^{y}è pchèkazou pyègne^{n}jnègo s paréja. tché youch nadched^{OU}
Donnez-moi des billets de ... et de la monnaie, s.v.p.	**Proszę banknoty ... i trochę drobnych.**	prochè banknoté... i troKHè drobnéKH
Donnez-moi ... en grosses coupures et le reste en petites coupures, s.v.p.	**Proszę ... w wyższych nominałach i resztę w mniejszych banknotach.**	prochè ... v véchchéKH nomina^{OU}aKH i rèchtè v mgnèychéKH banknotaKH

Dépôts—Retraits *Wpłaty—Wypłaty*

Je désire ...	**Chciał(a)bym ...**	KHts^{y}a^{OU}bém (KHts^{y}a^{OU}abèm)
ouvrir un compte	**otworzyć konto**	otfojéts^{y} konto
retirer ... zlotys	**wybrać ... złotych**	vébrats^{y} ... z^{OU}otéKH
Où dois-je signer?	**Gdzie mam podpisać?**	gdz^{y}è mam potpisats^{y}
Je voudrais verser ceci sur mon compte.	**Chciał(a)bym to wpłacić na moje konto.**	KHts^{y}a^{OU}bém (KHts^{y}a^{OU}abèm) to vp^{OU}ats^{y}its^{y} na moyè konto

NOMBRES, voir page 147

Termes d'affaires *Wyrażenia użyteczne w interesach*

Je m'appelle...	**Nazywam się...**	naz**é**vam s[y]è
Voici ma carte.	**Oto moja wizytówka.**	oto **mo**ya viz**é**t**ou**f**ka**
J'ai rendez-vous avec...	**Jestem umówiony z...**	**yè**stèm oumou**vy**oné z
Pouvez-vous me donner une estimation du coût?	**Czy może mi pan[i] podać przybliżony koszt?**	tché **mo**jè mi pan [**pa**gni] **po**dats[y] pchébli**jo**né kocht
Quel est le taux d'inflation?	**Jaka jest stopa inflacji?**	**ya**ka yèst **sto**pa in**fla**tsyi
Pourriez-vous me procurer...?	**Czy mogę dostać...**	tché **mo**gè **do**stats[y]
interprète	**tłumacza**	t[OU]ou**ma**tcha
ordinateur	**komputer**	kom**pou**tèr
secrétaire	**sekretarkę**	sèkrè**tar**kè
Où puis-je faire des photocopies?	**Gdzie mogę zrobić ksero?**	gdz[y]è **mo**gè **zro**bits[y] **ksè**ro

achat	**kupno**	**koup**no
action	**akcja**	**ak**tsya
bénéfice	**zysk**	zésk
bilan	**stan rachunku**	stan ra**KHoun**kou
capital	**kapitał**	ka**pi**ta[OU]
chèque	**czek**	tchèk
contrat	**kontrakt**	**kon**trakt
dépenses	**wydatki**	vé**dat**ki
facture	**faktura**	fak**tou**ra
hypothèque	**dług hipoteczny**	d[OU]ok KHipo**tetch**né
intérêt	**procent**	**pro**tsènt
investissement	**inwestycja**	invès**té**tsya
montant	**ilość**	**i**los[y]ts[y]
paiement	**płatność**	p[OU]**at**nos[y]ts[y]
perte	**strata**	**stra**ta
pourcentage	**procent**	**pro**tsènt
remise	**zniżka**	**zgni**chka
transfert	**transfer**	**trans**fèr
valeur	**wartość**	**var**tos[y]ts[y]
vente	**sprzedaż**	**spchè**dach

A la poste

On trouve facilement des bureaux de poste (indiqués par les mots *Poczta* ou *Urząd Pocztowy*) dans les grandes villes et les centres-villes, les gares importantes et certains hôtels. Les bureaux de poste sont généralement ouverts de 8h du matin jusqu'à 18h minimum; certaines branches restent ouvertes jusqu'à 20h. Les postes principales à Varsovie et dans les autres grandes villes sont ouvertes 24h sur 24h toute la semaine.

La plupart des bureaux de poste s'occupent du courrier, du téléphone et des télex. Les mandats internationaux doivent être faits dans une banque. Vous pouvez aussi acheter des timbres dans n'importe quel bureau de tabac (*kiosk*). Les boîtes aux lettres sont peintes en rouge.

Où est le bureau de poste le plus proche?	**Gdzie jest najbliższa poczta?**	gdz^{y}è yèst nay**blich**cha **potch**ta
A quelle heure ouvre/ ferme la poste?	**Od/Do której godziny otwarta jest poczta?**	ot/do **ktou**rèy go**dzi**né ot**far**ta yèst **potch**ta
Un timbre pour cette lettre/carte postale, s.v.p.	**Proszę znaczek na ten list/tę kartkę.**	**pro**chè **zna**tchèk na tèn list/tè **kart**kè
Un timbre à ... zlotys, s.v.p.	**Proszę znaczek za ... złote.**	**pro**chè **zna**tchèk za ... **z^{OU}o**tè
Quel est le tarif pour une lettre pour Bruxelles?	**Ile kosztuje znaczek na list do Brukseli?**	ilè ko**chtou**yè **zna**tchèk na list do brouk**sè**li
Quel est le tarif pour une carte postale pour la France?	**Ile kosztuje znaczek na kartkę do Francji?**	ilè ko**chtou**yè **zna**tchèk na **kart**kè do **fran**tsyi
Où est la boîte aux lettres?	**Gdzie jest skrzynka pocztowa?**	gdz^{y}è yèst **skchén**ka potch**to**va
Je voudrais envoyer ce paquet.	**Chciał(a)bym wysłać tę paczkę.**	**KHts^{y}a^{OU}**bém (**KHts^{y}a^{OU}**abèm) **vés^{OU}**ats^{y} tè **patch**kè

Je voudrais envoyer ceci...	**Chciał(a)bym wysłać to...**	KHts^{y}a^{OU}bém (KHts^{y}a^{OU}abèm) vés^{OU}ats^{y} to
en recommandé	**pocztą poleconą**	potchto^{n} polètsono^{n}
par avion	**pocztą lotniczą**	potchto^{n} lotgnitcho^{n}
par exprès	**ekspresem**	èksprèsèm
A quel guichet puis-je encaisser un mandat postal international, s.v.p.?	**W którym okienku mogę zrealizować międzynarodowy przekaz pieniężny?**	f ktourém okyenkou mogè zrèalizovats^{y} myèndzénarodové pchèkas pyègnè^{n}jné
Où est la poste restante?	**Gdzie jest poste restante?**	gdz^{y}è yèst post rèstant
Y a-t-il du courrier pour moi? Je m'appelle...	**Czy są dla mnie jakieś listy. Nazywam się...**	tché so^{n} dla mgnè yakyès^{y} listé. nazévam s^{y}è

ZNACZKI	TIMBRES
PACZKI	COLIS
PRZEKAZY PIENIĘŻNE	MANDATS

Télégrammes—Télex—Fax *Telegramy—Teleks—Telefax*

Tous les bureaux de poste s'occupent des télégrammes et des télex. Dans certaines branches, on peut recevoir et envoyer des télécopies (fax).

Je voudrais envoyer un télégramme/un télex.	**Chciał(a)bym nadać telegram/teleks.**	KHts^{y}a^{OU}bém (KHts^{y}a^{OU}abém) nadats^{y} tèlègram/tèlèks
Puis-je avoir un formulaire, s.v.p.?	**Czy mogę prosić o formularz?**	tché mogè pros^{y}its^{y} o formoulach
Quel est le tarif par mot?	**Ile kosztuje jedno słowo?**	ilè kochtouyè yèdno s^{OU}ovo
Combien de temps met un télégramme pour arriver à...?	**Ile czasu będzie szedł telegram do...?**	ilè tchasou bèndz^{y}è chèd^{OU} tèlègram do
Combien coûtera ce fax?	**Ile będzie kosztował ten fax?**	ilè bèndz^{y}è kochtova^{OU} tèn faks

Téléphone *Telefonowanie*

On trouve sans trop de peine des cabines téléphoniques dans les villes polonaises, surtout près du centre-ville. Il y a deux types de téléphones: ceux qui acceptent des jetons spéciaux (il s'agit des vieux téléphones à pièces) et ceux qui acceptent les cartes de téléphone. Il existe deux types de jetons: le type «A» pour les appels locaux (à durée limitée), et le type «C» pour les appels locaux plus longs, les appels interurbains ou internationaux. On peut se procurer des jetons dans les bureaux de poste, les hôtels et chez certains marchands de journaux. Les cartes de téléphone sont généralement de 50 ou 100 unités. Les petites villes et les villages n'ont pas toujours de code d'appel direct, et il faut dans ce cas passer par l'opérateur.

Où est le téléphone?	**Gdzie jest telefon?**	gdz^{y}è yèst tè**lè**fon
Je voudrais un jeton de téléphone, s.v.p.	**Proszę o żeton telefoniczny.**	**pro**chè o **jè**ton tèlèfo**gnitch**né
Où est la cabine téléphonique la plus proche?	**Gdzie jest najbliższa budka telefoniczna?**	gdz^{y}è yèst nay**blich**-cha **bout**ka tèlèfo**gnitch**na
Puis-je utiliser votre téléphone?	**Czy mogę skorzystać z pana [pani] telefonu?**	tché **mo**gè sko**jé**stats^{y} z **pa**na [**pa**gni] tèlè**fo**nou
Avez-vous un annuaire téléphonique pour Kraków?	**Czy ma pan[i] książkę telefoniczną Krakowa?**	tché ma pan [**pa**gni] ks^{y}o^{n}chkè tèlèfo**gnitch**no^{n} kra**ko**va
Je voudrais téléphoner ... en France.	**Chciał(a)bym zadzwonić do ... we Francji.**	**KHts^{y}a^{OU}**bém (**KHts^{y}a^{OU}**abém) za**dzvo**gnits^{y} do ... ve **fran**tsyi
Quel est l'indicatif pour ...?	**Jaki jest numer kierunkowy do ...?**	**ya**ki yèst **nou**mèr kyèroun**ko**vé do
Comment obtient-on le service international?	**Jaki jest numer centrali międzynarodowej?**	**ya**ki yèst **nou**mèr tsèn**tra**li myèndzénaro**do**vèy

Opérateur/Opératrice *Telefonistka*

Je voudrais le 23 45 67 à Wroclaw.	**Proszę Wrocław 23 45 67.**	**pro**chè **vrots**^{OU}af 23 45 67

Pourriez-vous m'aider à obtenir ce numéro s.v.p.?	**Czy może mnie pan[i] połączyć z tym numerem?**	tché mojè mgnè pan [pagni] po^{OU}ontchéts^{y} s tém noumèrèm
Je voudrais une communication avec préavis.	**Chciał(a)bym zamówić rozmowę z przywołaniem.**	KHts^{y}a^{OU}bém (KHts^{y}a^{OU}abém) zamouvits^{y} rozmovè z pchévo^{OU}agnèm
Je voudrais téléphoner en P.C.V.	**Proszę o rozmowę R.**	prochè o rozmovè èr

Au téléphone *Rozmowa*

Allô. C'est ... à l'appareil.	**Halo. Tu mówi ...**	KHalo. tou mouvi
Je voudrais parler à ...	**Czy mogę rozmawiać z ...**	tché mogè rozmavyats^{y} z
Le poste ...	**Wewnętrzny ...**	vèvnèntchné
Parlez plus fort/plus lentement, s.v.p.	**Proszę mówić głośniej/wolniej.**	prochè mouvits^{y} g^{OU}os^{y}gnèy/volgnèy

Pas de chance *Niepowodzenie*

Pourriez-vous rappeler un peu plus tard, s.v.p.?	**Proszę spróbować później.**	prochè sproubovats^{y} pouz^{y}gnèy
Mademoiselle, vous m'avez donné un faux numéro.	**Połączyła mnie pani ze złym numerem.**	po^{OU}ontché^{OU}a mgne pagni zè z^{OU}ém noumèrèm
Mademoiselle, nous avons été coupés.	**Przerwano nam rozmowę.**	pchèrvano nam rozmovè

Code d'épellation *Alfabet telefoniczny*

A	**Adam**	adam	N	**Natalia**	natalya
B	**Barbara**	barbara	O	**Olga**	olga
C	**Celina**	tsèlina	P	**Piotr**	pyotr
D	**Dorota**	dorota	Q	**Quiz**	qouis
E	**Ewa**	èva	R	**Roman**	roman
F	**Franciszek**	frants^{y}ichèk	S	**Stanisław**	stagnis^{OU}af
G	**Grażyna**	grajéna	T	**Tadeusz**	tadèouch
H	**Henryk**	KHènrék	U	**Urszula**	ourchoula
I	**Iwona**	ivona	V	**Violetta**	vyolet-ta
J	**Jan**	yan	W	**Wacław**	vats^{OU}af
K	**Karol**	karol	X	**Xymena**	ksémèna
L	**Leon**	lèon	Y	**Ypsylon**	épslon
Ł	**Łukasz**	^{OU}oukach	Z	**Zenon**	zènon
M	**Maria**	marya			

NOMBRES, voir page 147

La personne n'est pas là *Gdy go nie ma*

Quand sera-t-il/elle de retour?	**Kiedy wróci?**	ky**è**dé **vrou**ts^{y}i
Pouvez-vous lui dire que j'ai appelé? Je m'appelle...	**Czy może pan[i] mu/jej powiedzieć, że dzwoniłem (dzwoniłam)? Nazywam się...**	tché **mo**jè pan [**pa**gni] mou/yèy po**vyè**dz^{y}èts^{y} jè dzvo**gni**^{OU}em (dzvo**gniu**^{OU}am). na**zé**vam s^{y}è
Pourriez-vous lui demander de me rappeler? Mon numéro est...	**Czy mógłby pan [mogłaby pani] go/ją poprosić, żeby do mnie zadzwonił(a)? Mój numer...**	tché **moug**^{OU}bé pan [mog^{OU}**a**bé **pa**gni] go/yo^{n} po**pro**s^{i}ts^{y} **jè**bé do mgnè za**dzvo**gni^{OU} (zadzvo**gni**^{OU}a). mouy **nou**mèr
Pourriez-vous prendre un message, s.v.p.	**Czy mogę zostawić wiadomość?**	tché **mo**gè zo**sta**vits^{y} vya**do**mos^{y}ts^{y}

Taxes *Opłaty*

Quel est le coût de cette communication?	**Ile kosztowała ta rozmowa?**	ilè kochto**va**^{OU}a ta roz**mo**va
Je voudrais payer la communication.	**Chciał(a)bym zapłacić za tę rozmowę.**	**KHts**^{y}**a**^{OU}bém (**KHts**^{y}**a**^{OU}abèm) zap^{OU}**a**ts^{y}its^{y} za tè roz**mo**vè

Telefon do pana [pani].	Il y a un appel pour vous.
Pod jaki numer pan[i] dzwoni?	Quel numéro demandez-vous?
Zajęte.	C'est occupé.
Nikt nie odbiera.	Il n'y a personne/pas de réponse.
Pomyłka.	Vous avez fait un faux numéro.
Telefon jest uszkodzony/nie działa.	Le téléphone est en dérangement
Chwileczkę.	Un moment.
Proszę poczekać.	Ne quittez pas, s.v.p.
Wyszedł (Wyszła) na chwilę.	Il/elle est absent(e) pour le moment.

NOMBRES, voir page 147

Médecin

En cas d'urgence, vous pouvez appeler une ambulance avec un médecin de garde en composant le 999 dans la plupart des grandes villes. L'appel téléphonique et le traitement sont gratuits. Dans les autres cas, vous pouvez vous faire traiter par la sécurité sociale polonaise.

Généralités *Ogólne*

Pouvez-vous m'appeler un médecin?	**Proszę wezwać lekarza.**	**pro**chè **vè**zvats^y lè**ka**ja
Y a-t-il un médecin ici?	**Czy jest tu lekarz?**	tché yèst tou **lè**kach
J'ai besoin d'un médecin, vite.	**Proszę natychmiast wezwać lekarza.**	**pro**chè na**téKH**myast **vè**zvats^y lè**ka**ja
Où puis-je trouver un médecin qui parle français.	**Gdzie mogę znaleźć lekarza, który mówi po francusku?**	gdz^{y}è **mo**gè **zna**lès^{y}ts^y lè**ka**ja **ktou**ré **mou**vi po fran**tsous**kou
Où est le cabinet (médical)?	**Gdzie jest gabinet lekarski?**	gdz^{y}è yèst ga**bi**nèt lè**kar**ski
Quelles sont les heures de consultation?	**Jakie są godziny przyjęć?**	**ya**kyè so^n go**dz^y**iné **pché**yènts^y
Le médecin pourrait-il venir me voir?	**Czy mogę zamówić wizytę domową?**	tché **mo**gè za**mou**vits^y vi**zé**tè do**mo**vo^n
A quelle heure le médecin peut-il venir?	**O której godzinie lekarz może przyjechać?**	o **ktou**rèy go**dz^y**inyè **lè**kach **mo**jè pché**yè**KHats^y
Pouvez-vous me recommander un/une...?	**Czy może mi pan[i] polecić...?**	tché **mo**jè mi pan [**pa**gni] po**lè**ts^{y}its^y
généraliste	**lekarza**	lè**ka**ja
gynécologue	**ginekologa**	ginè**ko**loga
oculiste	**okulistę**	okou**li**stè
pédiatre	**pediatrę**	pè**dya**trè
Puis-je avoir un rendez-vous...?	**Czy mogę zapisać się na...?**	tché **mo**gè za**pi**sats^y s^{y}è na
demain	**na jutro**	na **you**tro
dès que possible	**jak najszybciej**	yak nay**chép**ts^{y}èy

Parties du corps *Cześci ciała*

amygdales	**migdałki**	migda^{OU}ki
appendice	**wyrostek**	vérostèk
articulation	**staw**	staf
bouche	**usta**	ousta
bras	**ręka**	rènka
cheville	**kostka u nogi**	kostka ou nogi
colonne vertébrale	**kręgosłup**	krèngos^{OU}oup
côte	**żebro**	jèbro
cou	**szyja**	chéya
cuisse	**udo**	oudo
cœur	**serce**	sèrtsè
doigt	**palec**	palèts
dos	**plecy**	plètsé
épaule	**ramię**	ramyè
estomac	**żołądek**	jo^{OU}ondèk
foie	**wątroba**	vontroba
genou	**kolano**	kolano
glande	**gruczoł**	groutcho^{OU}
gorge	**gardło**	gard^{OU}o
intestins	**jelito**	yèlito
jambe	**noga**	noga
langue	**język**	ye^{n}zék
lèvre	**warga**	varga
ligament	**więzadło**	vye^{n}zad^{OU}o
mâchoire	**szczęka**	chtchènka
main	**dłoń**	d^{OU}ogn
muscle	**mięsień**	mye^{n}s^{Y}ègn
nerf	**nerw**	nèrf
nez	**nos**	nos
œil (yeux)	**oko (oczy)**	oko (otché)
oreille	**ucho**	ouKHO
organes génitaux	**genitalia**	gègnitalya
orteil	**palec u nogi**	palèts ou nogi
os	**kość**	kos^{Y}ts^{Y}
peau	**skóra**	skoura
pied	**stopa**	stopa
poitrine	**klatka piersiowa**	klatka pyèrs^{Y}ova
pouce	**kciuk**	kts^{Y}ouk
poumon	**płuco**	p^{OU}outso
rein	**nerka**	nèrka
sein	**pierś**	pyèrs^{Y}
tête	**głowa**	g^{OU}ova
veine	**żyła**	jé^{OU}a
vessie	**pęcherz**	pe^{n}KHèch
visage	**twarz**	tfach

PHARMACIE, voir page 121

Accidents—Blessures *Wypadek—Zranienie*

Il y a eu un accident.	**Zdarzył się wypadek.**	**zdajé**^{OU} s^{y}è vé**pa**dèk
Mon enfant a fait une chute.	**Moje dziecko upadło.**	**mo**yè **dz**^{y}**è**tsko ou**pad**^{OU}o
Il [Elle] s'est fait mal à la tête.	**On[a] ma uraz głowy.**	on [**o**na] ma **ou**ras **g**^{OU}**o**vé
Il [Elle] a perdu connaissance.	**On[a] jest nieprzytomny [zytomna].**	on [**o**na] yèst gnèpché**tom**nè [gnepché**tom**na]
Il [Elle] saigne abondamment.	**On[a] mocno krwawi.**	on [**o**na] **mo**tsno **krfa**vi
Il [Elle] est (sérieusement) blessé[e].	**On[a] jest (ciężko) ranny [ranna].**	on [**o**na] yèst (**ts**^{y}**e**^{n}chko) **ran**né [**ran**na]
Il [Elle] a le bras cassé.	**On[a] złamał[a] rękę.**	on [**o**na] **z**^{OU}**a**ma^{OU} [z^{OU}**a**ma^{OU}a] **rèn**kè
Il [Elle] a la cheville enflée.	**Spuchła mu [jej] kostka u nogi.**	**spou**KH^{OU}a mou [yèy] **kos**ka ou **no**gi
J'ai été piqué(e).	**Coś mnie użądliło.**	tsos^{y} mgnè oujon**dli**^{OU}o
J'ai quelque chose dans l'œil.	**Coś mi wpadło do oka.**	tsos^{y} mi **fpad**^{OU}o do **o**ka
J'ai un/une…	**Mam…**	mam…
ampoule	**pęcherz**	**pe**^{n}KHèch
blessure	**ranę**	**ra**nè
bosse	**guz**	gous
brûlure	**oparzenie**	opa**jè**gnè
coupure	**skaleczenie**	skalè**tchè**gnè
ecchymose	**siniaka**	sy**gnya**ka
écorchure	**zadraśnięcie**	zadras^{y}**gnè**gnts^{y}è
enflure	**opuchliznę**	opouKH**li**znè
éruption	**wysypkę**	vé**sép**kè
furoncle	**czyraka**	tché**ra**ka
piqûre	**ukąszenie**	ouko^{n}**chè**gnè
piqûre d'insecte	**ukąszenie**	ouko^{n}**chè**gnè
Pourriez-vous l'examiner?	**Czy może pan[i] to zbadać?**	tché **mo**jè pan [**pa**gni] to **zba**dats^{y}
Je ne peux pas bouger mon/ma/ mes…	**Nie mogę ruszać…**	gnè **mo**gè **rou**chats^{y}
Ça me fait mal.	**To boli.**	to **bo**li
Où avez-vous mal?	**Gdzie pana [panią] boli?**	gdz^{y}è **pa**na [**pa**gno^{n}] **bo**li

Jakiego rodzaju jest to ból?	Quel genre de douleur éprouvez-vous?
tępy/ostry/pulsujący ciągły/z przerwami	sourde/aiguë/lancinante persistante/intermittente
To jest...	C'est...
złamane/zwichnięte	cassé/foulé
przemieszczone/zerwane	disloqué/déchiré
Potrzebne będzie prześwietlenie.	J'aimerais vous faire passer une radio.
Musimy założyć gips.	Il faudra vous plâtrer.
To jest zainfekowane/zakażone.	C'est infecté.
Czy był[a] pan[i] szczepiony[a] przeciw tężcowi?	Avez-vous été vacciné contre le tétanos?
Dam panu [pani] środek przeciwbólowy.	Je vais vous donner un analgésique/anti-douleur.

Maladies *Choroba*

Je ne me sens pas bien.	**Źle się czuję.**	z^{y}lè s^{y}è **tchou**yè
Je suis malade.	**Jestem chory.**	**yes**tèm KHORé
J'ai...	**Mam...**	mam
des frissons la nausée le vertige	**dreszcze mdłości zawroty głowy.**	**drèch**tchè **md^{OU}os**^{y}ts^{y}i za**vro**té **g^{OU}o**vé
J'ai de la fièvre.	**Mam temperaturę.**	mam tèmpèra**tou**rè
J'ai 38 de fièvre.	**Mam 38 stopni temperatury.**	mam 30 **stop**gni tèmpèra**tou**ré
J'ai vomi.	**Wymiotowałem (Wymiotowałam).**	vémyoto**va**^{UO}èm (vémyoto**va**^{UO}am)
Je suis constipé(e)./ J'ai la diarrhée.	**Mam obstrukcję./ Mam biegunkę.**	mam ob**strouk**tsyè/mam byè**goun**kè
J'ai mal au/à la/à l'/aux....	**Boli mnie...**	**bo**li mgnè
J'ai... asthme crampes	**Mam... astmę skurcze**	mam **ast**mè **skour**tchè

indigestion	**niestrawność**	gnè**strav**nos^{y}ts^{y}
insolation	**porażenie słoneczne**	pora**jè**gnè s^{OU}o**nètch**nè
mal à l'oreille	**ból ucha**	boul **ou**KHa
mal au dos	**ból w plecach**	boul w **plè**tsaKH
mal de gorge	**ból gardła**	boul **gard**^{OU}a
mal d'estomac	**ból żołądka**	boul jo^{OU}**ont**ka
mal de tête	**ból głowy**	boul **g**^{OU}**o**vé
palpitations	**palpitacje**	palpi**ta**tsyè
rhumatismes	**reumatyzm**	rèou**ma**tésm
rhume	**katar**	**ka**tar
rhume des foins	**katar sienny**	**ka**tar **s**^{y}**èn**-né
saignement de nez	**krwawienie z nosa**	**krfavyè**gne z **no**sa
torticolis	**sztywność karku**	**chtyv**nos^{y}ts^{y} **kar**kou
toux	**kaszel**	**ka**chèl
J'ai du mal à respirer.	**Trudno mi oddychać.**	**troud**no mi od**dé**KHats^{y}
J'ai des douleurs dans la poitrine.	**Mam bóle w klatce piersiowej.**	mam **bou**lè f **klat**tsè pyè**rs**^{y}**o**vèy
J'ai eu une crise cardiaque il y a ... ans.	**Miałem atak serca ... lat temu.**	**mya**^{OU}èm **a**tak **sèr**tsa ... lat **tè**mou
Ma tension est trop élevée/trop basse.	**Mam za wysokie/ niskie ciśnienie krwi.**	mam za vé**so**kyè/**gnis**kyè ts^{y}is^{y}**gnè**gnè krfi
Je suis allergique à ...	**Jestem uczulony na ...**	**yè**stèm outchou**lo**né na
Je suis diabétique.	**Mam cukrzycę.**	mam tsou**kché**tsè

Chez le gynécologue *Dolegliwości kobiece.*

J'ai des règles douloureuses.	**Mam bolesny okres.**	mam bo**lès**né **o**krès
J'ai une infection vaginale.	**Mam infekcję pochwy.**	mam in**fèk**tsyè **po**KHfé
Je prends la pilule.	**Zażywam tabletki antykoncepcyjne.**	za**jé**vam ta**blèt**ki antékontsèp**tséy**nè
Je n'ai pas eu mes règles depuis deux mois.	**Nie miałam okresu od dwóch miesięcy.**	gnè **mya**^{OU}am o**krè**sou od dvouKH myè**syèn**tsé
Je suis enceinte (de 3 mois).	**Jestem (w trzecim miesiącu) ciąży.**	**yè**stèm (f **tchè**ts^{y}im myè**s**^{y}**on**tsou) **ts**^{y}**o**^{n}jé

Od jak dawna ma pan[i] te dolegliwości?	Depuis combien de temps éprouvez-vous ces troubles?
Czy to się pan[i] zdarzyło pierwszy raz?	Est-ce la première fois que vous en souffrez?
Zmierzę panu [pani] temperaturę/ciśnienie krwi.	Je vais prendre votre température/tension.
Proszę podwinąć rękaw.	Relevez votre manche, s.v.p.
Proszę się rozebrać (do pasa).	Déshabillez-vous (jusqu'à la ceinture), s.v.p.
Proszę się położyć.	Allongez-vous là, s.v.p.
Proszę otworzyć usta.	Ouvrez la bouche.
Proszę głęboko oddychać.	Respirez à fond.
Proszę zakaszleć.	Toussez, s.v.p.
Gdzie pana [panią] boli?	Où avez-vous mal?
Ma pan[i] ...	Vous avez ...
chorobę weneryczną	maladie vénérienne
grypę	grippe
nieżyt żołądka	gastrite
odrę	rougeole
stan zapalny ...	inflammation de ...
zapalenie pęcherza	cystite
zapalenie płuc	pneumonie
zapalenie wyrostka robaczkowego	appendicite
zatrucie pokarmowe	intoxication alimentaire
żółtaczkę	jaunisse
To nie jest zakaźne.	C'est (ce n'est pas) contagieux
To jest uczulenie.	C'est une allergie.
Dam panu [pani] zastrzyk.	Je vais vous faire une piqûre.
Potrzebne jest badanie krwi/stolca/moczu.	Je voudrais un prélèvement de sang/de selles/d'urine.
Musi pan[i] leżeć w łóżku przez ... dni.	Vous devez garder le lit pendant ... jours.
Musi pan[i] pójść do specjalisty.	Vous devriez consulter un spécialiste.

Ordonnance—Traitement *Recepta—Leczenie*

Voici mon médicament habituel.	**Zwykle biorę to lekarstwo.**	zvèklè **byo**rè to lè**karst**fo
Pourriez-vous me donner une ordonnance pour ceci?	**Czy może mi pan[i] przepisać to lekarstwo?**	tché **mo**jè mi pan [**pa**gni] pchè**pi**sats^{y} to lè**karst**fo
Pouvez-vous me prescrire...?	**Czy może mi pan[i] przepisać...**	tché **mo**jè mi pan [**pa**gni] pchè**pi**sats^{y}
antidépressif	**środek antydepresyjny**	s^{y}**ro**dèk antédèprè**sé**yné
somnifère	**tabletki nasenne**	ta**blè**tki na**sèn**nè
tranquillisant	**tabletki uspokajające**	ta**blè**tki ouspokaya**yon**tsè
Je suis allergique à la pénicilline.	**Jestem uczulony na penicylinę.**	**yès**tèm outchou**lo**né na pègnitsé**li**nè
Je ne veux pas quelque chose de trop fort.	**Proszę o coś nie za silnego.**	**pro**chè o tsos^{y} gnè za s^{y}**il**nègo
Combien de fois par jour faut-il le prendre?	**Ile razy dziennie trzeba to brać?**	ilè **ra**zé **dz^{y}èn**gnè **tchè**ba to brats^{y}
Dois-je les avaler (sans les croquer)?	**Czy muszę je połykać w całości?**	tché **mou**chè yè po^{ou}**é**kats^{y} f tsa^{ou}**os^{y}**ts^{y}i

Na co pan[i] się leczy?	Quel traitement suivez-vous?
Jakie lekarstwo pan[i] bierze?	Quels médicaments prenez-vous?
W zastrzyku czy doustnie?	En piqûre ou par voie orale?
Proszę brać... łyżeczki dziennie tego lekarstwa...	Prenez... cuillerées à café de ce médicament...
Proszę brać jedną tabletkę popijając wodą.	Prenez un comprimé avec un verre d'eau...
co... godzin	toutes les... heures
... razy dziennie	... fois par jour
przed/po każdym posiłku	avant/après les repas
rano/wieczorem	le matin/le soir
jeśli pojawi się ból	en cas de douleurs
przez... dni	pendant... jours

Honoraires *Honorarium*

Combien vous dois-je?	**Ile płacę?**	ilè p^{OU}atsè
Puis-je avoir un reçu pour mon assurance médicale?	**Czy mogę dostać pokwitowanie dla mojej ubezpieczalni?**	tché mogè dostats^{y} pokfitovagnè dla moyèy oubèspyètchalgni
Puis-je avoir un certificat médical?	**Czy mogę dostać zaświadczenie lekarskie?**	tché mogè dostats^{y} zas^{y}fyattchègnè lèkarskyè
Pourriez-vous remplir cette feuille de maladie, s.v.p.?	**Czy mógłby pan [mogłaby pani] wypełnić ten formularz ubezpieczeniowy?**	tché moug^{OU}bé pan [mog^{OU}abé pagni] vépè^{OU}gnits^{y} tèn formoulach oubèspyètchègnyové

Hôpital *Szpital*

Pourriez-vous prévenir ma famille, s.v.p.	**Proszę powiadomić moją rodzinę.**	prochè povyadomits^{y} moyo^{n} rodz^{y}inè
Quelles sont les heures de visite?	**Kiedy są godziny odwiedzin?**	kyèdé so^{n} godz^{y}iné odvyèdz^{y}in
Quand pourrai-je me lever?	**Kiedy mogę wstać?**	kyèdé mogè fstats^{y}
Quand le médecin doit-il passer?	**Kiedy przyjdzie lekarz?**	kyèdé pchéydz^{y}è lèkach
J'ai mal.	**Boli mnie.**	boli mgnè
Je ne peux pas manger/dormir.	**Nie mogę jeść/spać.**	gnè mogè yès^{y}ts^{y}/spats^{y}
Où est la sonnette?	**Gdzie jest dzwonek?**	gdz^{y}è yèst dzvonèk

infirmière	**pielęgniarka**	pyèlènggnarka
patient	**pacjent**	patsyènt
anesthésique	**znieczulenie**	zgnètchoulègnè
piqûre	**zastrzyk**	zastchék
opération	**operacja**	opèratsya
transfusion sanguine	**transfuzja krwi**	transfouzya krfi
bassin	**basen**	basèn
lit	**łóżko**	^{OU}ochko
thermomètre	**termometr**	tèrmomètr

Dentiste *Dentysta*

Si vous avez besoin de traitement dentaire d'urgence, vous pouvez vous faire soigner dans un hôpital de garde; vous en trouverez l'adresse dans les journaux locaux.

Pouvez-vous me recommander un bon dentiste?	**Czy może mi pan[i] polecić dobrego dentystę?**	tché **mo**jè mi pan [**pa**gni] po**lè**ts^{y}its^{y} do**brè**go dèn**té**stè
Puis-je prendre un rendez-vous (urgent) avec le docteur...?	**Czy mogę zamówić (pilną) wizytę u doktor...?**	tché **mo**gè za**mou**vits^{y} (**pil**no^{n}) vi**zé**tè ou **dok**tor
Ne pourriez-vous pas me prendre plus tôt?	**Czy można by wcześniej?**	tché **mo**jna bé **ftches**^{y}gnèy
Je me suis cassé une dent.	**Złamał mi się ząb.**	z^{OU}**a**ma^{OU} mi s^{y}è zomp
J'ai mal aux dents.	**Boli mnie ząb.**	**bo**li mgnè zomp
J'ai un abcès.	**Mam ropień pod zębem.**	mam **ro**pyegn pot **zèm**bèm
Cette dent me fait mal.	**Ten ząb mnie boli.**	tèn zomp mgnè **bo**li
en haut	**na górze**	na **gou**jè
en bas	**na dole**	na **do**lè
devant	**z przodu**	s **pcho**dou
derrière	**z tyłu**	s **té**^{OU}ou
Pouvez-vous me faire un traitement provisoire?	**Czy może pan[i] to tymczasowo zalec-zyć?**	tché **mo**jè pan [**pa**gni] to témtcha**so**vo za**lè**tchéts^{y}
Je ne veux pas que vous me l'arrachiez.	**Proszę go nie wyrywać.**	**pro**chè go gnè vé**ré**vats^{y}
Pourriez-vous me faire une anesthésie locale?	**Czy może mi pan[i] dać znieczulenie?**	tché **mo**jè mi pan [**pa**gni] dats^{y} zgnètchou**lè**gnè
J'ai perdu un plombage.	**Wypadła mi plomba.**	vé**pad**^{OU}a mi **plom**ba
Mes gencives...	**Moje dziąsła...**	**mo**yè **dz**^{y}**o**^{n}s^{OU}a
me font très mal	**bolą**	**bo**lo^{n}
saignent	**krwawią**	**krfa**vyo^{n}
J'ai cassé mon dentier.	**Złamała mi się proteza.**	z^{OU}**a**ma^{OU}a mi s^{y}è pro**tè**za
Pouvez réparer mon dentier?	**Czy może mi pan[i] naprawić tę pro-tezę?**	tché **mo**jè mi pan [**pa**gni] na**pra**vits^{y} tè pro**tè**zè
Quand sera-t-il prêt?	**Kiedy będzie gotowa?**	**kyè**dé **bèn**dz^{y}è go**to**va

Renseignements divers

Continents et pays *Nazwy geograficzne*

Afrique	**Afryka**	afréka
Amérique du Nord	**Ameryka Północna**	amèréka pou^{OU} notsna
Amérique du Sud	**Ameryka Południowa**	amèréka po^{OU}oudgnova
Asie	**Azja**	azya
Europe	**Europa**	èouropa
Afrique du Sud	**Republika Południowej Afryki**	rèpoublika po^{OU}oudgnovey afréki
Allemagne	**Niemcy**	gnèmtsé
Angleterre	**Anglia**	anglya
Australie	**Australia**	aoustralya
Autriche	**Austria**	aoustrya
Belgique	**Belgia**	bèlgya
Biélorussie	**Białoruś**	bya^{OU}orous^{Y}
Canada	**Kanada**	kanada
Chine	**Chiny**	KHiné
Danemark	**Dania**	dagna
Écosse	**Szkocja**	chotsya
Espagne	**Hiszpania**	KHichpagna
États-Unis	**Stany Zjednoczone**	stané zyèdnotchonè
Finlande	**Finlandia**	finlandya
France	**Francja**	frantsya
Grande-Bretagne	**Wielka Brytania**	vyèlka brétagna
Grèce	**Grecja**	grètsya
Inde	**Indie**	indyè
Irlande	**Irlandia**	irlandya
Israël	**Izrael**	izraèl
Italie	**Włochy**	w^{OU}oKHé
Japon	**Japonia**	yapogna
Luxembourg	**Luksemburg**	louksembourk
Norvège	**Norwegia**	norvègya
Nouvelle-Zélande	**Nowa Zelandia**	nova zèlandya
Pays-Bas	**Holandia**	KHolandya
Pologne	**Polska**	polska
Portugal	**Portugalia**	portougalya
Russie	**Rosja**	rosya
Suède	**Szwecja**	chfètsya
Suisse	**Szwajcaria**	chvaytsarya
Turquie	**Turcja**	tourtsya
Ukraine	**Ukraina**	oukraina

Nombres *Liczby*

0	**zero**	zèro
1	**jeden**	**yè**dèn
2	**dwa**	dva
3	**trzy**	t-chè
4	**cztery**	**tchtè**ré
5	**pięć**	pyègnts^{y}
6	**sześć**	chès^{y}ts^{y}
7	**siedem**	**s^{y}è**dèm
8	**osiem**	os^{y}èm
9	**dziewięć**	**dz^{y}è**vyègnts^{y}
10	**dziesięć**	**dz^{y}è**s^{y}ègnts^{y}
11	**jedenaście**	jèdè**nas^{y}**ts^{y}è
12	**dwanaście**	dva**nas^{y}**ts^{y}è
13	**trzynaście**	tché**nas^{y}**ts^{y}è
14	**czternaście**	tchtèr**nas^{y}**ts^{y}è
15	**piętnaście**	pyènt**nas^{y}**ts^{y}è
16	**szesnaście**	chès**nas^{y}**ts^{y}è
17	**siedemnaście**	s^{y}èdèm**nas^{y}**ts^{y}è
18	**osiemnaście**	os^{y}èm**nas^{y}**ts^{y}è
19	**dziewiętnaście**	dz^{y}èvènt**nas^{y}**ts^{y}è
20	**dwadzieścia**	va**dz^{y}è**s^{y}ts^{y}a
21	**dwadzieścia jeden**	dva**dz^{y}è**s^{y}ts^{y}a **yè**dèn
22	**dwadzieścia dwa**	dva**dz^{y}è**s^{y}ts^{y}a dva
23	**dwadzieścia trzy**	dva**dz^{y}è**s^{y}ts^{y}a t-chè
24	**dwadzieścia cztery**	dva**dz^{y}è**s^{y}ts^{y}a **tchtè**ré
25	**dwadzieścia pięć**	dva**dz^{y}è**s^{y}ts^{y}a pyègnts^{y}
26	**dwadzieścia sześć**	dva**dz^{y}è**s^{y}ts^{y}a chès^{y}ts^{y}
27	**dwadzieścia siedem**	dva**dz^{y}è**s^{y}ts^{y}a **s^{y}è**dèm
28	**dwadzieścia osiem**	dva**dz^{y}è**s^{y}ts^{y}a **o**s^{y}èm
29	**dwadzieścia dziewięć**	dva**dz^{y}è**s^{y}ts^{y}a **dz^{y}è**vyègnts^{y}
30	**trzydzieści**	tché**dz^{y}ès^{y}**ts^{y}i
31	**trzydzieści jeden**	tché**dz^{y}ès^{y}**ts^{y}i **yè**dèn
32	**trzydzieści dwa**	tché**dz^{y}ès^{y}**ts^{y}i dva
33	**trzydzieści trzy**	tché**dz^{y}ès^{y}**ts^{y}i t-chè
40	**czterdzieści**	tchtèr**dz^{y}ès^{y}**ts^{y}i
41	**czterdzieści jeden**	tchtèr**dz^{y}ès^{y}**ts^{y}i **yè**dèn
42	**czterdzieści dwa**	tchtèr**dz^{y}ès^{y}**ts^{y}i dva
43	**czterdzieści trzy**	tchtèr**dz^{y}ès^{y}**ts^{y}i t-chè
50	**pięćdziesiąt**	pyègnts^{y}**dz^{y}è**s^{y}ont
51	**pięćdziesiąt jeden**	pyègnts^{y}**dz^{y}è**s^{y}ont **yè**dèn
52	**pięćdziesiąt dwa**	pyègnts^{y}**dz^{y}è**s^{y}ont dva
53	**pięćdziesiąt trzy**	pyègnts^{y}**dz^{y}è**s^{y}ont t-chè
60	**sześćdziesiąt**	chès^{y}ts^{y}**dz^{y}è**s^{y}ont
61	**sześćdziesiąt jeden**	chès^{y}ts^{y}**dz^{y}è**s^{y}ont **yè**dèn

62	**sześćdziesiąt dwa**	chès^{y}ts^{y}dz^{y}ès^{y}ont dva
63	**sześćdziesiąt trzy**	chès^{y}ts^{y}dz^{y}ès^{y}ont t-chè
70	**siedemdziesiąt**	s^{y}èdèmdz^{y}ès^{y}ont
71	**siedemdziesiąt jeden**	s^{y}èdèmdz^{y}ès^{y}ont yèdèn
72	**siedemdziesiąt dwa**	s^{y}èdèmdz^{y}ès^{y}ont dva
73	**siedemdziesiąt trzy**	s^{y}èdèmdz^{y}ès^{y}ont t-chè
80	**osiemdziesiąt**	os^{y}èmdz^{y}ès^{y}ont
81	**osiemdziesiąt jeden**	os^{y}èmdz^{y}ès^{y}ont yèdèn
82	**osiemdziesiąt dwa**	os^{y}èmdz^{y}ès^{y}ont dva
83	**osiemdziesiąt trzy**	os^{y}èmdz^{y}ès^{y}ont t-chè
90	**dziewięćdziesiąt**	dz^{y}èvyègndz^{y}ès^{y}ont
91	**dziewięćdziesiąt jeden**	dz^{y}èvyègndz^{y}ès^{y}ont yèdèn
92	**dziewięćdziesiąt dwa**	dz^{y}èvyègndz^{y}ès^{y}ont dva
93	**dziewięćdziesiąt trzy**	dz^{y}èvyègndz^{y}ès^{y}ont t-chè
100	**sto**	sto
101	**sto jeden**	sto yèdèn
102	**sto dwa**	sto dva
110	**sto dziesięć**	sto dz^{y}ès^{y}ègnts^y
120	**sto dwadzieścia**	sto dvadz^{y}ès^{y}ts^{y}a
130	**sto trzydzieści**	sto tchédz^{y}ès^{y}ts^{y}i
140	**sto czterdzieści**	sto tchtèrdz^{y}ès^{y}ts^{y}i
150	**sto pięćdziesiąt**	sto pyègnts^{y}dz^{y}ès^{y}ont
160	**sto sześćdziesiąt**	sto chès^{y}ts^{y}dz^{y}ès^{y}ont
170	**sto siedemdziesiąt**	sto s^{y}èdèmdz^{y}ès^{y}ont
180	**sto osiemdziesiąt**	sto os^{y}èmdz^{y}ès^{y}ont
190	**sto dziewięćdziesiąt**	sto dz^{y}èvyègndz^{y}ès^{y}ont
200	**dwieście**	dvyès^{y}ts^{y}è
300	**trzysta**	tchésta
400	**czterysta**	tchtèrésta
500	**pięćset**	pyègnts^{y}sèt
600	**sześćset**	chès^{y}ts^{y}sèt
700	**siedemset**	s^{y}èdèmsèt
800	**osiemset**	os^{y}èmsèt
900	**dziewięćset**	dz^{y}èvyègnts^{y}sèt
1.000	**tysiąc**	tés^{y}onts
1.100	**tysiąc sto**	tés^{y}onts sto
1.200	**tysiąc dwieście**	tés^{y}onts dvyès^{y}ts^{y}è
2.000	**dwa tysiące**	dva tés^{y}ontsè
5.000	**pięć tysięcy**	pyègnts^y tés^{y}èntsé
10.000	**dziesięć tysięcy**	dz^{y}ès^{y}ègnts^y tés^{y}èntsé
50.000	**pięćdziesiąt tysięcy**	pyègnts^{y}dz^{y}ès^{y}ont tés^{y}èntsé
100.000	**sto tysięcy**	sto tés^{y}èntsé
1.000.000	**milion**	milyon
1.000.000.000	**miliard**	milyard

premier	**pierwszy**	pyèrfché
second	**drugi**	drougi
troisième	**trzeci**	tchèts^{y}i
quatrième	**czwarty**	tchfarté
cinquième	**piąty**	pyonté
sixième	**szósty**	chousté
septième	**siódmy**	s^{y}oudmé
huitième	**ósmy**	ousmé
neuvième	**dziewiąty**	dz^{y}èvyonté
dixième	**dziesiąty**	dz^{y}ès^{y}onté
une fois/deux fois	**raz/dwa razy**	ras/dva **razé**
trois fois	**trzy razy**	tché **razé**
une moitié	**połowa/pół**	po^{OU}ova/pou^{OU}
un/une demi...	**pół...**	pou^{OU}
la moitié de...	**pół...**	pou^{OU}
demi	**pół/na wpół**	pou^{OU}/na fpou^{OU}
un quart/un tiers	**ćwierć/jedna trzecia**	ts^{y}fyerts^{y}/**yèdna tchèts**^{y}a
une paire de	**para**	para
une douzaine	**tuzin**	touz^{y}in
un pour cent	**jeden procent**	yèdèn **prot**sènt
3,4%	**trzy i cztery dziesiąte procenta**	t-chè i **tchtè**ré dz^{y}ès^{y}ontè protsènta

Date et heure *Podawanie dat i czasu*

1981	**tysiąc dziewięćset osiemdziesiąty pierwszy rok**	tés^{y}onts dz^{y}vyèts^{y}sèt os^{y}èmdz^{y}ès^{y}onté pyerfché rok
1993	**tysiąc dziewięćset dziewięćdziesiąty trzeci rok**	tés^{y}onts dz^{y}vyèts^{y}sèt dz^{y}èvyègnts^{y}dz^{y}èsyonté tchèts^{y}i rok
2005	**dwa tysiące piąty rok**	dva té**syon**tsè **pyon**té rok

Année et âge *Rok i podawanie wieku*

année	**rok**	rok
année bissextile	**rok przestępny**	rok pchè**stemp**né
décennie	**dekada**	dèkada
siècle	**wiek**	vyèk
cette année	**w tym roku**	f tém **ro**kou
l'année dernière	**w zeszłym/ ubiegłym roku**	w zèch^{OU}ém/ou**byèg**^{OU}ém rokou

l'année prochaine	w przyszłym roku	f pchéch^{OU}ém rokou
chaque année	każdego roku	kajdègo rokou
il y a 2 ans	dwa lata temu	dva lata tèmou
dans un an	w jednym roku	v yèdném rokou
dans les années 80	w latach osiemdziesiątych	v lataKH os^{y}èmdz^{y}ès^{y}ontéKH
le XVIe siècle	w szesnastym wieku	f chèsnastém vyèkou
au XXe siècle	w dwudziestym wieku	w dvoudz^{y}èstém vyekou
Quel âge avez-vous?	Ile masz lat?	ilè mach lat
J'ai 30 ans.	Mam trzydzieści lat.	mam tchédz^{y}ès^{y}ts^{y}i lat
Il/elle est né(e) en 1960.	Urodził [Urodziła] się w 1960.	ourodz^{y}i^{OU} [ourodz^{y}i^{OU}a] s^{y}è f 1960
Quel âge a-t-il/elle?	W jakim on[a] jest wieku?	v yakim on [ona] yèst vyèkou
Les enfants de moins de 16 ans ne sont pas admis.	Dzieciom poniżej lat szesnastu wstęp wzbroniony.	dz^{y}èts^{y}om pognijèy lat chèsnastou fstèmp wzbrognoné

Saisons *Pory roku*

printemps/été	wiosna/lato	vyosna/lato
automne/hiver	jesień/zima	yès^{y}ègn/z^{y}ima
au printemps	na wiosnę	na vyosnè
pendant l'été	latem	latèm
en automne	jesienią	yès^{y}ègno^{n}
pendant l'hiver	zimą	z^{y}ima
haute saison	w sezonie	f sèzognè
basse saison	poza sezonem	poza sèzonèm

Mois *Miesiące*

janvier	styczeń	stétchègn
février	luty	louté
mars	marzec	majèts
avril	kwiećień	kfyèts^{y}ègn
mai	maj	may
juin	czerwiec	tchèrvyèts
juillet	lipiec	lipyèts
août	sierpień	syèrpyègn
septembre	wrzesień	vjès^{y}ègn
octobre	październik	paz^{y}dz^{y}èrgnik
novembre	listopad	listopat
décembre	grudzień	groudz^{y}ègn
en septembre	we wrześniu	vè vjès^{y}gnou

depuis octobre	**od października**	ot paz^{y}dz^{y}ègnika
début janvier	**początek stycznia**	potchontèk stétchgna
mi-février	**połowa lutego**	po^{OU}ova loutègo
fin mars	**koniec marca**	kognèts martsa

Jours et date *Dni i daty*

Quel jour sommes-nous?	**Jaki jest dzisiaj dzień?**	yaki yèst dz^{y}is^{y}ay dz^{y}ègn
dimanche	**niedziela**	gnèdz^{y}èla
lundi	**poniedziałek**	pognèdz^{y}a^{OU}èk
mardi	**wtorek**	ftorèk
mercredi	**środa**	s^{y}roda
jeudi	**czwartek**	tchfartèk
vendredi	**piątek**	pyontèk
samedi	**sobota**	sobota
Nous sommes le…	**Jest…**	yèst
1er juillet	**pierwszy lipca**	pyèrfchè liptsa
10 mars	**dziesiąty marca**	dz^{y}ès^{y}onté martsa
le matin	**rano**	rano
pendant la journée	**w ciągu dnia**	f ts^{y}ongou dgna
dans l'après-midi	**po południu**	po po^{OU}oudgnou
le soir	**wieczorem**	vyètchorèm
la nuit	**w nocy**	w notsé
avant-hier	**przedwczoraj**	pchètftchoray
hier	**wczoraj**	ftchoray
aujourd'hui	**dzisiaj/dziś**	dz^{y}is^{y}ay/dz^{y}is^{y}
demain	**jutro**	youtro
après-demain	**pojutrze**	poyoutchè
la veille	**poprzedniego dnia**	popchédgnègo dgna
le lendemain	**następnego dnia**	nastèmpnègo dgna
il y a 2 jours	**dwa dni temu**	dva dgni tèmou
dans 3 jours	**za trzy dni**	za t-chè dgni
la semaine dernière	**w zeszłym/ ubiegłym tygodniu**	w zèch^{OU}ém/oubyèg^{OU}ém tégodgnu
la semaine prochaine	**w przyszłym tygodniu**	w pchéch^{OU}ém tégodgnu
pendant deux semaines	**na dwa tygodnie**	na dva tégodgnè
anniversaire	**urodziny**	ourodz^{y}iné
jour de congé	**dzień wolny**	dz^{y}ègn volné
jour de vacances	**święto**	s^{y}fyènto
vacances	**wakacje**	vakatsyè
semaine	**tydzień**	tédz^{y}ègn
week-end	**weekend**	ouikènt
jour ouvrable	**dzień pracy**	dz^{y}ègn pratsé

Jours fériés *Święta państwowe*

Voici les principaux jours fériés en Pologne durant lesquels les banques, les magasins et les bureaux sont fermés.

1er janvier	**Nowy Rok**	Jour de l'an
1 mai	**Święto 1 Maja**	Fête du travail
3 mai	**Konstytucja 3 Maja**	Journée de la constitution
15 août	**Wniebowzięcie NMP**	Ascension
1 novembre	**Wszystkich Świątkich**	Toussaint
11 novembre	**Święto Naródwe**	Jounée de l'indépendance
25-26 décembre	**Boże Narodzenie**	Noël et Saint-Etienne
Fêtes mobiles:	**Wielkanoc**	Pâques
	Boże Ciało	Fête-Dieu

Souhaits et vœux *Życzenia i pozdrowienia*

Joyeux Noël!	**Wesołych Świąt!**	**vèso**^{OU}éкн s^{y}fyont
Bonne année!	**Szczęśliwego Nowego Roku!**	chtchèns^{y}**li**vego no**ve**go rokou
Joyeuses Pâques!	**Wesołych Świąt!**	**vèso**^{OU}éкн s^{y}fyont
Joyeux anniversaire!	**Wszystkiego najlepszego z okazji urodzin!**	fchést**kyè**go naylèp**chè**go z o**ka**zyi ou**ro**dz^{y}n
Meilleurs vœux!	**Najlepsze życzenia!**	nay**lèp**chè jé**tchè**gna
Félicitations!	**Gratulacje!**	gratou**la**tsyè
Bonne chance!	**Powodzenia/ Wszystkiego najlepszego!**	povo**dzè**gna/fchést**kyè**go naylèp**chè**go
Bon voyage!	**Szczęśliwej podróży!**	chtchè^{n}**s**^{y}**li**vèy pod**rou**jé
Bonnes vacances!	**Udanych wakacji!**	ou**da**néкн va**ka**tsyi
Meilleurs salutations de la part de...	**Pozdrowienia od...**	pozdro**vyè**gna ot
Mes amitiés à...	**Pozdrowienia dla...**	pozdro**vyè**gna dla

Quelle heure est-il? *Która godzina?*

Pardon. Pouvez-vous m'indiquer l'heure, s.v.p.?	**Przepraszam, która jest godzina?**	pchè**pra**cham **ktou**ra yèst **godz**^{y}ina
Il est...	**Jest...**	yèst
une heure cinq	**pięć po pierwszej**	pyegnts^{y} po **pyèrf**chèy
deux heures dix	**dziesięć po drugiej**	**dz**^{y}**ès**^{y}ègnts^{y} po **drou**gyèy
trois heures et quart	**kwadrans po trzeciej**	**kfa**drans po **tchèts**^{y}èy
quatre heures vingt	**dwadzieścia po czwartej**	dva**dz**^{y}**ès**^{y}ts^{y}a po **tchfar**tèy
cinq heures vingt-cinq	**dwadzieścia pięć po piątej**	dva**dz**^{y}**ès**^{y}ts^{y}a pyègnts^{y} po **pyon**tèy
six heures et demie	**wpół do siódmej**	fpou^{OU} do **s**^{y}**oud**mèy
sept heures moins vingt-cinq	**pięć po wpół do siódmej**	pyègnts^{y} po fpou^{OU} do **s**^{y}**oud**mèy
huit heures moins vingt	**za dwadzieścia ósma**	za dva**dz**^{y}**ès**^{y}ts^{y}a **ous**ma
neuf heures moins le quart	**za kwadrans dziewiąta**	za **kfa**drans dz&yè**vyon**ta
dix heures moins dix	**za dziesięć dziesiąta**	za **dz**^{y}**ès**^{y}ègnts^{y} dz^{y}è**syon**ta
onze heures moins cinq	**za pięć jedenasta**	za pyègnts^{y} yèdè**nas**ta
midi/minuit	**dwunasta (w południe/w nocy)**	dvou**nas**ta (f po^{OU}**oud**gnè/v **no**tsé)
du matin	**rano**	**ra**no
de l'après-midi	**po południu**	po po^{OU}**oud**gnou
du soir	**wieczorem**	vyè**tcho**rèm
Le train part à...	**Pociąg odjeżdża o...**	**po**ts^{y}onk od**yèj**dja o
13h04	**trzynastej zero cztery**	tché**nas**tèy **zè**ro **tchtè**ré
0h40	**zero czterdzieści**	**zè**ro tchtèr**dz**^{y}**ès**^{y}ts^{y}i
dans cinq minutes	**za pięć minut**	za pyègnts^{y} **mi**nout
dans un quart d'heure	**za kwadrans**	za **kfa**drans
il y a une demi-heure	**pół godziny temu**	pou^{OU} godz^{y}**i**né **tè**mou
dans environ deux heures	**około dwóch godzin**	o**ko**^{OU}o dvouKH **godz**^{y}in
plus de 10 minutes	**więcej niż dziesięć minut**	**vyèn**tsèy nich **dz**^{y}**ès**^{y}ègnts^{y} **mi**nout
moins de 30 secondes	**mniej niż trzydzieści sekund**	**mgnè**y nich tché**dz**^{y}**ès**^{y}ts^{y}i**sè**kount

Abréviations courantes *Najczęściej używane skróty*

Al.	**Aleja**	boulevard
CPN	**stacja benzynowa**	station–service
dr med	**doktor medycyny**	médecin
dyr	**dyrektor**	président–directeur général (PDG)
godz.	**godzina**	heure
I ou It.	**Informacja**	renseignements
inż	**inżynier**	ingénieur
i.t.d.	**i tak dalej**	etc...
im.	**imienia**	du nom de...
LOT	**Polskie Linie Lotnicze LOT**	Air Pologne
m	**mieszkanie**	appartement (sur une adresse)
mgr	**magister**	maîtrise de lettres, maîtrise de sciences
NBP	**Narodowy Bank Polski**	Banque Nationale de Pologne
n.e.	**naszej ery**	... de notre ère
n.p.	**na przykład**	par exemple
Ob.	**Obywatel**	citoyen (correspondance officielle uniquement)
o.	**odjazd**	départ
ok.	**około**	approximativement
ONZ	**Organizacja Narodów Zjednoczonych**	Nations Unies
os.	**osiedle**	développement
p.	**przyjazd**	arrivée
p.	**piętro**	étage
PCK	**Polski Czerwony Krzyż**	Croix Rouge Polonaise
Pl.	**plac**	place
p.n.e.	**przed naszą erą**	avant notre ère
PKO	**Powszechna Kasa Oszczędności**	Caisse d'Épargne de Pologne
PKP	**Polskie Koleje Państwowe**	Chemins de fer polonais
PKS	**Polska Komunikacja Samochodowa**	Transports Routiers polonais
PZM ou PZMot	**Polski Związek Motorowy**	Fédération automobile et motocycliste de Pologne
Św.	**Święty**	Saint
tzn.	**to znaczy**	par exemple
ul.	**ulica**	rue
w.	**wiek**	siècle
W. P. ou Sz. P.	**Wielmożny, Szanowny Pan [Pani]**	Monsieur, Madame (sur une adresse)

Panneaux et inscriptions *Znaki i napisy*

Ciągnąć	Tirez
Dla pań	Dames
Dla panów	Messieurs
Do wynajęcia	A louer
Gorące	Chaud
Informacja	Renseignements
Kasa	Caisse
Miejsc wolnych brak	Complet
Na sprzedaż	A vendre
Nie dotykać	Ne pas toucher
Nie rzucać odpadków	Interdiction de laisser des déchets
Nie zastawiać	Laissez l'entrée libre
Otwarte	Ouvert
Palenie wzbronione	Défense de fumer
Pchać	Poussez
Proszę czekać	Veuillez attendre s.v.p.
Proszę dzwonić	Sonnez s.v.p.
Proszę nie przeszkadzać	Ne pas déranger
Proszę wchodzić bez pukania	Entrez sans frapper
Przecena	Soldes
Świeżo malowane	Peinture fraîche
Uszkodzony/Nieczynny	Hors service
Uwaga	Attention
Uwaga, niebezpieczeństwo (śmierci)	Danger (de mort)
Uwaga zły pies	Attention au chien
W dół	En bas
W górę	En haut
Wejście	Entrée
Wejścia nie ma	Entrée interdite
Winda	Ascenseur
Wolny	Libre
Wstęp wolny	Entrée gratuite
... wzbronione	... interdit
Wyjście	Sortie
Wyjście bezpieczeństwa	Sortie de secours
Wyprzedane	Stock épuisé
Zarezerwowane	Réservé
Zajęte	Occupé
Zimne	Froid

Urgences *Nagły wypadek*

A l'aide, vite	**Proszę szybko wezwać pomoc**	prochè chépko vèzvats pomots
Allez-vous-en	**Proszę odejść**	prochè odèys^{y}ts^{y}
Ambassade	**Ambasada**	ambasada
Appelez la police	**Proszę wezwać policję**	prochè vèzvats politsyè
Appelez un médecin	**Proszę wezwać lekarza**	prochè vèzvats lèkaja
Arrêtez cet homme/ cette femme	**Proszę zatrzymać tego mężczyznę/ kobietę**	prochè zat-chémats^{y} tègo mènchtchéznè/kobyètè
ATTENTION	**UWAGA**	ouvaga
AU FEU	**PALI SIĘ**	pali s^{y}è
AU SECOURS	**RATUNKU**	ratounkou
AU VOLEUR	**ŁAPAĆ ZŁODZIEJA**	^{OU}apats^{y} z^{OU}odz^{y}èya
DANGER	**NIEBEZPIECZEŃSTWO**	gnèbèspyètchègnstfo
Gaz	**Gaz**	gas
Je me suis perdu(e)	**Zgubiłem (Zgubiłam) się**	zgoubi^{OU}èm (zgoubi^{OU}am) s^{y}è
Je suis malade	**Jestem chory (chora)**	yèstèm KHoré (KHora)
Poison	**Trucizna**	trouts^{y}izna
POLICE	**POLICJA**	politsya

Numéros d'urgence *Telefony ratunkowe*

Ambulance	999	Pompier	998	Police	997

Objets perdus—Vol *Rzeczy znalezione—Kradzież*

Où est le/la...?	**Gdzie jest...**	gdz^{y}è yèst
bureau des objets trouvés	**biuro rzeczy znalezionych**	byouro jètché znalèz^{y}onéKH
commissariat de police	**posterunek policji**	postèrounèk politsyi
Je voudrais déclarer un vol.	**Chcę zgłosić kradzież.**	KHtsè zg^{OU}os^{y}its^{y} kradz^{y}èch
On m'a volé mon/ma/ mes...	**Skradziono mi...**	skradz^{y}ono mi
J'ai perdu mon/ ma...	**Zgubiłem (Zgubiłam)...**	zgoubi^{OU}èm (zgoubi^{OU}am)
passeport	**paszport**	pachport
portefeuille	**portfel**	portfèl
sac à main	**torebkę**	torèpkè

Mini-Grammaire

Noms

Il existe trois genres en polonais: masculin, féminin et neutre. Il n'y a pas d'articles. Généralement, on peut déterminer le genre d'un nom grâce à sa terminaison. Voici quelques règles fondamentales à respecter:

Masculin: la plupart des noms terminés par une consonne et quelques terminaisons en **-o** et **-a**:

stół table **wujcio** oncle **poeta** poète

Féminin: la plupart des noms terminés en **-a** et **-i** et quelques uns terminés par une consonne.

książka livre **pani** dame **sól** sel **złość** colère

Neutre: tous les noms terminés en **-ę** et quelques noms terminés en **-o**:

kurczę poulet **dziecko** enfant

Pluriel: bien qu'il existe de nombreuses exceptions, la plupart des noms masculins et féminins en **-y** et en **-i**, et la majorité des neutres terminés en **-a**. Voici quelques exemples:

stoły *(mpl)* tables **książki** *(fpl)* livres **kurczęta** *(npl)* poulets

Déclinaison

Les terminaisons du nom varient en fonction de son emploi dans la phrase. Il y a sept cas différents en polonais. Les exemples ci-dessous montrent comment les utiliser:

Le **nominatif** (N) se rapporte au sujet de la phrase, la personne ou la chose accomplissant l'action.

***Dziewczynka* czyta.** *La fille* lit.

Le **génitif** (G) est utilisé pour désigner une personne ou une chose à qui quelqu'un ou quelque chose appartient ou fait référence (il peut être traduit par «de» en français):

uśmiech *dziewczynki* le sourire *de la fille*

Le **datif** (D) désigne la personne/la chose à qui l'on donne ou fait quelque chose.

Daję to *dziewczynce*. Je le donne *à la fille.*

L'**accusatif** (A) indique habituellement le complément d'objet direct d'une action.

Ja kocham tę *dziewczynę*. J'aime *cette fille.*

L'**instrumental** (I) répond aux questions «par qui?», «par quel moyen?», «comment?», etc...

On pisze *ołówkiem*. Il écrit *avec un crayon.*

Le **locatif** (L) est toujours construit avec une préposition. Les plus courantes sont w, na (dans, sur), et o (au sujet de).

Książka *jest na stole*. Le livre est *sur la table.*

Toutes les prépositions (sur, de, avec, à, etc.) sont régies par un ou plusieurs cas.

Le **vocatif** (V) est utilisé pour s'adresser à des personnes; parfois il peut constituer le sujet de la phrase:

Bardzo mi pomogłeś, *przyjacielu*. Tu m'as beaucoup aidé, *mon ami.*

Adjectifs

Les adjectifs s'accordent en genre et en nombre avec le nom qu'ils modifient. Le tableau ci-dessous montre la déclinaison des noms et des adjectifs:

	Masculin (soir tranquille)	Féminin (fille gentille)	Neutre (petit enfant)
sing. N	**spokojny wieczór**	**miła dziewczyna**	**małe dziecko**
G	**spokojnego wieczoru**	**miłej dziewczyny**	**małego dziecka**
D	**spokojnemu wieczorowi**	**miłej dziewczynie**	**małemu dziecku**
A	**spokojny wieczór**	**miłą dziewczynę**	**małe dziecko**
I	**spokojnym wieczorem**	**miłą dziewczyną**	**małym dzieckiem**
L	**spokojnym wieczorze**	**miłej dziewczynie**	**małym dziecku**
plur. N	**spokojne wieczory**	**miłe dziewczyny**	**małe dzieci**
G	**spokojnych wieczorów**	**miłych dziewczyn**	**małych dzieci**
D	**spokojnym wieczorom**	**miłym dziewczynom**	**małym dzieciom**
A	**spokojne wieczory**	**miłe dziewczyny**	**małe dzieci**
I	**spokojnymi wieczorami**	**miłymi dziewczynami**	**małymi dziećmi**
L	**spokojnych wieczorach**	**miłych dziewczynach**	**małych dzieciach**

Pronoms personnels

	je	tu	il	elle	neutre, 3e pers.	nous	vous	ils
N	**ja**	**ty**	**on**	**ona**	**ono**	**my**	**wy**	**oni, one**
G	**mnie**	**ciebie**	**jego**	**jej**	**jego**	**nas**	**was**	**ich**
D	**mnie**	**tobie**	**jemu**	**jej**	**jemu**	**nam**	**wam**	**im**
A	**mnie**	**ciebie**	**jego**	**ją**	**je**	**nas**	**was**	**ich, je**
I	**mną**	**tobą**	**nim**	**nią**	**nim**	**nami**	**wami**	**nimi**
L	**mnie**	**tobie**	**nim**	**niej**	**nim**	**nas**	**was**	**nich**

A noter: il existe deux formes pour la seconde personne en polonais; **ty** (pluriel **wy**) est utilisé pour s'adresser à des parents, des amis intimes, des enfants, et entre jeunes; on utilise une forme de **pan/pani** pour la forme de politesse (voir ci-dessous).

Pronoms possessifs

Ils s'accordent en genre et en nombre avec le nom et se déclinent comme des adjectifs.

	Singulier			Pluriel		
	Masc.	Fém.	Neut.	Masc.	Fém.	Neut.
mon, ma, mes	**mój**	**moja**	**moje**	**moi**	**moje**	**moje**
ton, ta, tes	**twój**	**twoja**	**twoje**	**twoi**	**twoje**	**twoje**
son, sa, ses (à lui)	**jego**	**jego**	**jego**	**jego**	**jego**	**jego**
son, sa, ses (à elle)	**jej**	**jej**	**jej**	**jej**	**jej**	**jej**
notre, nos	**nasz**	**nasza**	**nasze**	**nasi**	**nasze**	**nasze**
votre, vos	**wasz**	**wasze**	**wasze**	**wasi**	**wasze**	**wasze**
leur, leurs	**ich**	**ich**	**ich**	**ich**	**ich**	**ich**

Verbes

Pour de nombreux verbes, l'infinitif se termine en **-ć**. Voici trois verbes conjugués au présent:

	czytać (lire)	**mówić** (dire)	**wiedzieć** (savoir)
ja	**czytam**	**mówię**	**wiem**
ty	**czytasz**	**mówisz**	**wiesz**
on/ona/ono	**czyta**	**mówi**	**wie**
my	**czytamy**	**mówimy**	**wiemy**
wy	**czytacie**	**mówicie**	**wiecie**
oni/one	**czytają**	**mówią**	**wiedzą**

... et quelques verbes irréguliers:

	iść (aller)	**przyjść** (venir)	**jechać** (voyager)	**być** (être)	**mieć** (avoir)
ja	**idę**	**przychodzę**	**jadę**	**jestem**	**mam**
ty	**idziesz**	**przychodzisz**	**jedziesz**	**jesteś**	**masz**
on/ona/ono	**idzie**	**przychodzi**	**jedzie**	**jest**	**ma**
my	**idziemy**	**przychodzimy**	**jedziemy**	**jesteémy**	**mamy**
wy	**idziecie**	**przychodzicie**	**jedziešcie**	**Jesteście**	**macie**
oni/one	**idą**	**przychodzą**	**jadą**	**są**	**mają**

En polonais, normalement les verbes sont donnés sans pronom car la terminaison verbale indique suffisamment clairement le sujet.

Cependant, lorsqu'on s'adresse à quelqu'un de façon formelle, pour le «vous» le polonais utilise la forme appropriée de **pan** («homme»)/**pani** («femme») avec le verbe à la troisième personne. Par exemple, pour demander «Parlez-vous français?» on utilise les formes suivantes:

Czy mówi *pan* po francusku?	(pour s'adresser à un homme)
Czy mówi *pani* po francusku?	(pour s'adresser à une femme)
Czy mówią *panowie* po francusku?	(pour s'adresser à deux hommes ou plus)
Czy mówią *panie* po francusku?	(pour s'adresser à deux femmes ou plus)
Czy mówią *państwo* po francusku?	(pour s'adresser à un groupe mixte)

Cela revient à dire «**Monsieur** parle-t-il français?» etc...

Quelques remarques supplémentaires sur les verbes ...

Les expressions et les exemples suivants ont pour but de vous donner des idées générales et des indications sur l'un des chapitres les plus difficiles de la grammaire polonaise: le verbe.

Il existe trois temps: passé, présent et futur.

Au **passé**, le verbe s'accorde en genre et en nombre avec le sujet de la phrase, c'est-à-dire qu'il y a un masculin, un féminin, un neutre à la fois pour le singulier et le pluriel. Ceux-ci sont formés en remplaçant la terminaison de l'infinitif (**-ć**) par les terminaisons appropriées du passé.

	czytać (lire)	**być** (être)
ja (je - masc.)/(je - fém.)	**czytałem/czytałam**	**byłem/byłam**
on (il)/**ona** (elle)/**ono** (neut.)	**czytał/czytała/czytało**	**był/była/było**
my (nous - masc.)/(nous - fém.)	**czytaliśmy/czytałyśmy**	**byliśmy/byłyśmy**
oni (ils - masc.)/**one**(ils - autres)	**czytali/czytały**	**byli/były**

Presque tous les verbes existent sous deux formes différentes, appelées **aspects**:
— l'**aspect imperfectif** est utilisé pour une action continue, répétée ou incomplète. Pour le présent, on utilise toujours la forme imperfective du verbe.
— l'**aspect perfectif** est utilisé pour une action temporairement limitée, unique ou terminée.

Tous les verbes possèdent donc deux infinitifs, un pour chacun des aspects. L'infinitif perfectif se forme en ajoutant un préfixe à l'infinitif imperfectif en changeant sa terminaison, par ex:

lire:	forme imperfective – **czytać**
	forme perfective – **przeczytać**
ouvrir:	forme imperfective– **otwierać**
	forme perfective – **otworzyć**

Poser des questions

En polonais, il est facile de poser des questions en employant une intonation montante à la fin d'une affirmation. En outre, une question peut commencer par l'interrogatif **czy** qui en soi n'a pas de sens, sinon d'indiquer le début d'une phrase.

Il y a un train	**Jest pociąg.** (affirmation)
Y a-t-il un train?	**Jest pociąg?** (intonation montante)
	Czy jest pociąg?

Lexique
et index alphabétique

Polonais–Français

m masculin *f* féminin *nt* neutre *pl* pluriel

A
à w 15
abbaye opactwo *nt* 81
abcès ropień *m* 145
abréviation skrót *m* 154
abricot morela *f* 56
accessoires dodatki *pl* 115; akcesoria *pl* 126
accident wypadek *m* 79, 139
achat kupno *nt* 131
achats zakupy *pl* 97
acheter kupić, kupować 82, 100, 118, 120
acier inoxydable stal nierdzewna *f* 105, 107
action *(titre)* akcja *f* 131
adaptateur adaptor *m* 104
addition rachunek *m* 62
adresse adres *m* 21, 31, 76, 79, 102
adresse habituelle adres domowy *m* 31
aéroport lotnisko *nt* 21, 66
affaires interes *m* 16, 130
affreux straszny 84; okropny 94
Afrique Afryka *f* 146
Afrique du Sud Republika Południowej Afryki (RPA) *f* 146
âge wiek *m* 149, 150
agence de voyages biuro podrózy *nt* 98
agneau baranina *f* 47
agrafe zszywacz *m* 118
agrandir *(photo)* powiększyć 126
agréable miły 31
aide pomoc *f* 156
aider pomagać 12, 21, 71, 100, 135
aigu ostry 140
aiguille igła *f* 27
ail czosnek *m* 54
aimable miły 95
aire de jeux plac zabaw *m* 32
alcool alkohol *m* 39, 59
alcool, sans bezalkoholowy 60
alcoolique alkoholowy 59
aliment jedzenie *nt* 124
allée, siège près de miejsce koło przejścia 65
Allemagne Niemcy *pl* 146
aller iść 96, 160; jechać 73, 77
aller (à) dostać się do 19, 76; dojechać do 70
aller *(vêtement)* pasować 112, 114
aller simple bilet w jedną stronę *m* 65, 69
aller, s'en odejść 156
aller-retour tam i z powrotem 65, 70
allergique uczulony (na coś) 141, 143
alliance *(bague)* obrączka *f* 106
allô cześc 10; *(tél.)* halo 135
allume-feu podpałka *f* 109
allumette zapałka *f* 105, 108, 109
alphabet alfabet *m* 9
alpinisme taternixtwo *nt*, alpinizm *m* 89
amande migdał *m* 56
ambassade ambasada *f* 156
ambre bursztyn *m* 107, 127
ambulance (karetka) pogotowia *f* 79
amer gorzki 61
américain amerykański 108
Amérique du Nord Ameryka Północna *f* 146
Amérique du Sud Ameryka Południowa *f* 146
améthyste ametyst *m* 107
ami chłopak *m* 93; przyjaciel *m* 95

amie dziewczyna *f* 93
amitiés pozdrowienia *pl* 152
amplificateur wzmacniacz *m* 104
ampoule żarówka *f* 28, 75, 104; *(méd.)* pęcherz *m* 139
amygdales migdałki *pl* 138
analgésique lek przeciwbólowy *m* 122; środek przeciwbólowy *m* 140
ananas ananas *m* 55
anesthésie środek znieczulający *m* 144, 145
aneth koper *m* 54
Angleterre Anglia *f* 134, 146
anguille węgorz *m* 46
animal zwierzę *nt* 85
anis nasienie anyżu *m* 54
année, an rok *m* 149, 150; lato *nt* 150
année bissextile rok przestępny *m* 149
anniversaire urodziny *pl* 151, 152
annuaire téléphonique książka telefoniczna *f* 134
annuler odwołać 66
anorak wiatrówka *f* 115
antibiotique antybiotyk *m* 143
antidépressif środek antydepresyjny *m* 143
antiquaire Desa *f* 98
antiquités antyki *pl* 83
août sierpień *m* 150
apéritif aperitif *m* 59
appareil de photo aparat fotograficzny *m* 125, 126
appareil électro-ménagers sklep elektryczny *m* 98
appareils ménagers artykył gospodarstwa domowego *m* 105
appartement mieszkanie *nt* 23
appeler wezwać 79, 156; *(nom)* nazywać 11, 136; *(tél.)* zadzwonić 134, 136
appeler *(taxi)* zamówic 21, przywołać 31
appendice wyrostek *m* 138
appendicite zapalenie wyrostka robaczkowego *nt* 142
apporter przynieść 13
après po 15, 77
après-midi po południu 151, 153
arbre drzewo *nt* 85
archéologie archeologia *f* 83
architecte architekt *m* 83
argent waluta *f* 18, 129; pieniądze *pl* 130
argent *(métal)* srebro *nt* 106, 107
argent *(couleur)* srebrny 112
argenté plater srebrny *m* 107
argenterie srebro stołowe *nt* 106, 127
arrêt przystanek *m* 73
arrêt de bus przystanek autobusowy *m* 73
arrêter, s' zatrzymać 18, 69, 71, 72, 156
arrière koniec *m* 69
arrivée przyjazd *m* 16; przylot *m* 66
arriver przylecieć 66; przyjechać 69; dojechać 71
arrondir zaokrągić 62
art sztuka *f* 83
artichaut karczochy *pl* 53
article rzecz *f* 101
articles de toilette artykuły toaletowe *pl* 123
articulation staw *m* 138
artificiel sztuczny 125
artisanat rękodzieło *nt* 83, 127
artiste artysta *m*, artystka *f* 81, 83
ascenseur winda *f* 28, 100
Asie Azja *f* 146
asperge szparagi *pl* 53
aspic galareta *f* 43
aspirine aspiryna *f* 122
assaisonnement przyprawa *f* 37
assez dosyć 14, 68
assiette talerz *m* 38, 61, 105
assistance routière pomoc drogowa *f* 78
assurance ubezpieczenie *nt* 20
assurance maladie ubezpieczalnia *f* 144
assurance tous risques pełne ubezpieczenie *nt* 20
asthme astma *f* 140
astringent środek tamujący krwawienie *m* 123
attendre czekać 21, 95, 121; spodziewać się 130
attention! uwaga! 156
attirail de pêche sprzęt wędkarski *m* 109
au revoir do widzenia 10

au voleur! łapać złodzieja! 156
au-dessous (de) poniżej 15
au-dessus powyżej 15
auberge zajazd *m* 34
auberge de jeunesse schronisko młodzieżowe *nt* 23, 32
aubergine bakłażan 53
aucun żaden 15
aujourd'hui dzisiaj 29, 151
aussi także 15
Australie Australia *f* 146
Austrie Austria *f* 146
autocollant samoprzylepny 119
automatique automatyczny 20, 107, 125
automne jesień *f* 150
autoradio radio samochodowe *nt* 104
autoroute autostrada *f* 76
autostop, faire de l' jeździć autostopem 74
autre inny 74, 101
avaler połknąć 143
avant przed 15; przód *m* 75
avec z 15
avec filtre z filtrem 108
avion samolot *m* 65
avion, par poczta lotnicza *f* 133
avoir mieć 17, 68, 69, 77, 95, 140, 160
avril kwiecień *m* 150

B

bacon boczek *m* 42
bagages bagaż *m* 17, 18, 21, 26, 31, 71, 72
bagages, chariot à schowek na bagaż *m* 18, 68, 72
bague pierścionek *m* 106
bain łazazienka *f* 23, 27; wanna *f* 25
bain moussant płyn do kąpielowe 123
balcon balkon *m* 24, 87
ballet balet *m* 88
ballon piłka *f* 128
ballon de plage piłka plażowa *f* 128
banane banan *m* 55, 64
bandage élastique bandaż elastyczny *m* 122
banque bank *m* 98, 129, 130
bar bar *m* 68
bar à vin winiarnia *f* 34
barbe broda *f* 31
bas pończocha *f* 115
bas, en w dół 15; na dole 145
basilic bazylia *f* 54
basketball koszykówka *f* 89
basse saison poza sezonem 150
bassin (pour le lit) basen (w szpitalu) *m* 144
bateau statek *m* 73, 74; łodź *f* 74
bateau à rames łódź wiosłowa *f* 91
bâtiment budynek *m* 81, 83
batiste batyst 113
bâton kijek *m* 91
batterie akumulator *m* 75, 78
beau piękny 14, 84
beau *(temps)* piękny, ładny 94
beaucoup dużo, wielu 14
beaux-arts sztuka *f* 83
bébé dziecko *nt* 24, 124
beige beżowy 112
Belge Belgia *m*, Belgijka *f* 93
belge belgijski 18
Belgique Belgia *f* 146
bénéfice zysk *m* 131
besoin, avoir potrzebować 29, 90
betterave burak *m* 53
beurre masło *nt* 42, 64, 110
biberon butelka (do karmienia) *f* 124
bibliothèque biblioteka *f* 81, 98
bicyclette rower *m* 74
bidet bidet *m* 28
Biélorussie Białoruś *m* 146
bien w porządku 10, 25; dobrze 10, 92
bien cuit *(viande)* mocno wysmażony 47
bientôt wkrótce 15
bière piwo *nt* 57, 64
bifteck befsztyk *m* 47
bigoudi lokówka *f* 124
bijouterie jubiler *m* 98, 106
bijoux fantasie krystały *pl* 127
bilan *(balance)* stan rachunku *m* 131
billet bilet *m* 65, 69, 73, 87, 89; *(de banque)* banknot *m* 130
biscuit herbatnik *m* 64
blaireau pędzel do golenia *m* 123
blanc biały 59, 112
blanchisserie pralnia *f* 29, 98; *(service)* usługi pralnicze *pl* 24
blessé zraniony 79, 139

blesser zranić 139
blessure zranienie *nt*, rana *f* 139
bleu niebieski 112, 119; *(viande)* bardzo mało wysmażony 48
bloc-notes blok listowy *m* 118
bloquer zaciskać 29
blouse bluzka *f* 115
bobine rolka filma *f* 125
bœuf wołowina *f* 47
boire pić 36, 38, 39
bois las *m* 85
boisson napój *m* 57, 59, 60; drink *m* 95
boisson sans alcool zimny napój *m* 64
boîte pudełko *nt* 110
boîte *(conserve)* puszka *f* 110
boîte à musique pozytywka *f* 106
boîte aux lettres skrzynka pocztowa *f* 132
boîte de nuit klub nocny *m* 88
boîte de peinture farby *pl* 119
boîte-repas pojemnik na jedzenie *m* 105
bombe contre les insectes spray przeciw owadom *m* 109, 122
bon dobry 14, 86, 101
bon marché tani 14, 101; niedrogi 125
bonbons słodycze *pl* 108
bonjour dzień dobry 10
bonne nuit dobranoc 10
bonnet de bain czepek kąpielowy *m* 115
bonsoir dobry wieczór 10
bosse guz *m* 139
botanique botanika *f* 83
botte but *m* 117
bouche usta *pl* 138, 142
bouché zatkany 28
boucherie sklep mięsny *m* 98
boucle (de ceinture) klamra *f* 116
boucle d'oreille kolczyk *m* 106
bouger ruszać (się) 139
bougie świeczka *f* 105; świeca zapłonowa *f* 75
bouilli gotowany 48
bouillotte termofor *m* 27
boulangerie piekarnia *f* 98
bourse giełda *f* 81
boussole kompas *m* 109
bouteille butelka *f* 17, 58
bouton guzik *m* 29, 116
bouton de manchette spinka do rękawów *f* 106
bouton-pression zatrzask *m* 116
boxe boks *m* 89
bracelet bransoletka *f* 106
bracelet à breloques bransoletka z breloczkami *f* 106
bracelet de montre pasek do zegarka *m* 106
braisé duszony 48
bras ręka *f* 138, 139
breloque breloczek *m* 106
bretelles szelki *pl* 115
briquet zapalniczka *f* 106, 108
britannique Brytyjczyk *m* 93
broche *(bijou)* broszka *f* 106
brochet szczupak *m* 46
brosse à cheveux szczotka do włosów *f* 124
brosse à dents szczoteczka do zębów *f* 123
brosse à ongles szczotka do rąk *f* 123
brouillard mgła *f* 94
brûlure oparzenie *nt* 139
brun brązowy 112
brushing suszyć suszarką 30
bruyant hałaśliwy 25
bureau biuro *nt* 19, 68, 80, 156
bureau de change biuro wymiany walut *nt* 18, 68, 129
bureau de poste poczta *f* 98, 132
bureau de réservation biuro rezerwacji *nt* 19, 68
bureau de tabac kiosk *m* 98
bureau de télégraphe poczta *f* 98
bus autobus *m* 18, 19, 66, 72, 73, 80

C

cabillaud dorsz *m* 46
cabine kabina *f* 74
cabine d'essayage przymierzalnia *f* 114
cabine de bain kabina *f* 91
cabine simple kabina jednosobowa *f* 74
cabine téléphonique budka telefoniczna *f* 134
cabinet (de consultation) gabinet

lekarski *m* 137
cabinet médical gabinet lekarski *m* 137
cacahuète orzech ziemny *m* 56
cadeau prezent *m* 17
café kawa *f* 42, 61, 64
café *(bar)* kawiarnia *f* 34
café libre service bar (kawowy) *m* 33
café noir czarna kawa *f* 42, 61
cafétéria bar *m* 33
cahier zeszyt *m* 118
caille przepiórka *f* 49
caisse kasa *f* 103, 155
calculatrice kalkulator *m* 118
caleçon kalesony *pl* 115
calendrier kalendarz *m* 118
calmar kałamarnica *f* 45
calme spokojny 90
caméra kamera filmowa *f* 125
caméra video kamera wideo *f* 125
campagne wieś *f* 85
camper rozbić namiot 32
camping camping *m* 32
camping, matériel de sprzęt turystyczny *m* 109
camping, terrain de camping *m*, pole biwakowe *nt* 32
Canada Kanada *f* 146
Canadien/Canadienne Kanadyjczyk *m*, Kanadyjka *f* 93
canard kaczka *f* 49
cannelle cynamon *m* 50
canot à moteur łódź motorowa *f* 91
caoutchouc guma *f* 117
capital kapitał *m* 131
câpre kapary *pl* 54
car autobus *m* 72
carafe karafka *f* 58
carat karat *m* 106
caravane przyczepa *f* 32
carburateur gaźnik *m* 78
cardigan sweter rozpinany *m* 115
carnet bloczek biletów *m* 72
carnet d'adresses książka adresowa *f* 118
carotte marchew *f* 53
carpe karp *m* 46
carré kwadratowy 101
carrefour skrzyżowanie dróg *m* 77
carte mapa *f* 76, 118; *(d'affaires)* wizylowka 130
carte *(restaurant)* jadłospis *m* 38; menu *nt* 38, 40
carte de crédit karta kredytowa *f* 20, 31, 62, 102, 130
carte des vins lista win *f* 58
carte postale pocztówja *f* 118; kartka *f* 132
carte routière mapa drogowa *f* 118
cartes à jouer karty do gry *pl* 118, 128
cartes, jeu de karty do gry *pl* 128
cartouche (de cigarette) karton (papierosów) *m* 17, 108
cartouche réfrigérante worek na lód *m* 109
cascade wodospad *m* 85
casquette czapka *f* 115
cassé zepsuty 29, 120
casser złamać 140, 145
casserole rodel, garnek *m* 105
cassette kaseta *f* 104, 127
cassis czarna porzeczka *f* 55
catacombes lochy *pl* 81
catalogue katalog *m* 82
cathédrale katedra *f* 81
catholique katolicki 84
ceci ten 101
ceinture pasek *m* 116; pas *m* 142
ceinture de sauvetage pas bezpieczeństwa *m* 74
cela tamten 101
céleri nać selera *f* 53
cellule photoélectrique światłomierz *m* 126
cendrier popielniczka *f* 27, 38
cent sto *nt* 148
centimètre centymetr *m* 114
centre centrum *nt* 19, 21, 76, 81
centre commercial centrum handlowe *nt* 98
centre de ville centrum miasta *m* 72, 81
centre des achats centrum handlowe *nt* 82, 100
céramique ceramika *f* 83, 127
céréales płatki śniadaniowe *pl* 42
cerise wiśnia *f*, czereśnia *f* 56
certificat zaświadczenie *nt* 144
chaîne łańcuszek *m* 106
chalet schroniska *f* 23
chaise fotelik *m* 109
chaise longue leżak *m* 91, 109

chaise pliante fotelik składany *m* 109
chambre pokój *m* 19, 23, 24, 25, 26, 27
chambre à deux lits pokój dwuosobowy *m* 19, 23
chambre à un lit pokój jednosobowy *m* 19, 23
chambre avec petit déjeuner nocled i śniedanie 24
chambre disponible wolny pokój *m* 23
champ pole *nt* 85
champ de course tor wyścigowy *m* 90
champignon pieczarka *f* 53
chance szczęście *nt* 135, 152
chandail sweter *m* 115
chandeliers lichtarze *pl* 127
change reszta *f* 62; drobne *pl* 77, 130
changer zamienić 66, 68, 73, 75, 120; wymienić 18, 129
chanson pieśń, piosenka *f* 128
chanter śpiewać 88
chapeau kapelusz *m* 115
chapelet różaniec *m* 106
chapelle kaplica *f* 81
chaque każdy 150
charbon de bois węgiel drzewny *m* 109
chargeur kaseta *f* 125
chariot wózek *m* 18, 72
chariot à bagages wózek bagazowy *m* 18, 72
chasse polowanie *nt* 90
château zamek *m* 81
chaud gorący 42, 94; ciepły 14, 23, 94
chauffage ogrzewanie *nt* 28
chauffer przegrzać 78
chaussette skarpetka *f* 115
chausettes (mi-bas) podkolanówki *pl* 115
chaussons de gym trampki *pl* 117
chaussure but *m* 117
chaussure de ski wyciąg narciarski *m* 91
carreaux, à w kratkkę 112
chef d'orchestre dyrygent *m* 88
chemin doroga *f* 12; ścieżka *f* 85
chemin de fer kolej *f* 154
chemise koszula *f* 115
chemise de nuit *(courte)* koszula mocna *f* 115
chèque czek *m* 130, 131
chèque à ordre czek imienny *m* 130
chèque de voyage czek podróżny *m* 18, 62, 102, 130
cher drogi 14, 19, 24, 101; **moins cher** tani 24, 25
chercher szukać 13
chevalière sygnet *m* 106
cheveux włosy *pl* 30, 124
cheville kostka *f* 139
chevreuil *(cuisine)* dziczyzna *f* 48
chewing-gum guma do żucia *f* 108
chez u 15
chien pies *m* 155
chiffon szyfon *m* 113
Chine Chiny *pl* 146
chocolat czekolada *f* 108, 110
chocolat (chaud) (gorąca) czekolada *f* 42, 61
chou kapusta *f* 53
chou-fleur kalafior *m* 53
choux de Bruxelles brukselka *f* 53
chrome chrom *m* 107
ciboulette szczypiorek *m* 54
cidre jabłecznik *m* 60
ciel niebo *nt* 94
cigare cygaro *nt* 108
cigarette papieros *m* 17, 108
cimetière cmentarz *m* 81
cinéma kino *nt* 86, 96
cinq pięć 147
cinquante pięćdziesiąt 147
cinquième piąty 149
cintre wieszak *m* 27
ciseaux nożyczki *pl* 105
ciseaux à ongles nożyczki do paznokci *pl* 123
citron cytryna *f* 38, 56, 62
clair jasny 101, 112
classe affaires *(avion)* klasa biznes *f* 65
classique klasyczny 128
clé klucz *m* 27
clé à molette klucz płaski *m* 105
climatisation klimatyzacja *f* 24, 28
clip klips *m* 106
clous gwoździe *pl* 105
cœur serce *nt* 138
coffre-fort sejf *m* 26
coffret à bijoux szkatułka na biżuterię

D

LEXIQUE

Słownik

déclarer *(douane)* do oclenia 17; do zgłoszenia 17
déclencheur wężyk do migawki *m* 126
décoller odlatać 66
décoloration rosjaśnienie *m* 30
dedans wewnątrz 15
défence de wzbroniony 155
degré stopień *m* 140
dehors na zewnątrz 15, 37
déjeuner obiad *m* 27, 35, 80, 94
délicieux wyśmienity 62
demain jutro 29, 96, 151
demande, sur na żądanie 73
demander poprosić o 25, 61, 136
démaquillante płatki do zmywania lakieru *pl* 123
demi pół *nt* 149
demi-heure pół godziny *nt* 153
demi-pension z częściowym wyżywieniem 24
demi-tarif pięćdziesiąt procent znizki 70
demi-tour, faire zawracanie *nt* 79
dent ząb *m* 145
dentelle koronki *pl* 113
dentier proteza (zębów) *f* 145
dentifrice pasta do zębów *f* 103
dentiste dentysta *m* 145; *(cabinet)* gabinet dentystyczny 98
déodorant dezodorant *m* 123
dépanneuse samochód do holowania *m* 78
départ odlot *m* 66
dépenser wydać 101
dépenses wydatki *pl* 131
déposer zostawić 26, 72
dépôt *(banque)* kaucja *f* 20
depuis od 15, 151
déranger przeszkadzać 155
dernier ostatni 14, 68, 73; zeszlym 149, 151
derrière za 15, 77
descendre *(d'un véhicule)* wysiąść 73
déshabiller, se rozebrać 142
désinfectant środek dezynfekujący *m* 122
désirer mieć ochotę na 36
désolé(e)! przepraszam 10; przykro mi 87
dessert deser *m* 39, 41, 56
dessous pod 15
deux dwa 147
deux fois dwa razy 149
deuxième drugi 69
deuxième classe druga klasa *f* 70
développement *(photo)* wywoływanie *nt* 125
déviation objazd *m* 79
devis przyblizony koszt *m* 131; wiecej *m* 79
devoir musieć 31, 95, 142
diabétique chory na cukrzycę *m* 39, 141
diamant diament *m* 107
diapositive przeźrocze *nt* 125
diarrhée biegunka *f* 140
dictionnaire słownik *m* 119
diesel diesel *m* 75
difficile trudny 14
difficulté trudność *f* 28, 141
digital elektroniczy 107
dimanche niedziela *f* 151
dinde indyk *m* 48
dîner kolacja *f* 27, 35, 94
dire mówić 159
direct bezposredny 65
directeur kierownik *m* 26
direction *(orientation)* kierunek *m* 76
discothèque dyskoteka *f* 88, 96
disloqué przemieszczony 140
disque płyta *f* 128
disque compact (CD) płyta kompaktowa *f* 128
disque film film w dysku *m* 125
dissolvant płyn do zmywania lakieru *m* 123
distance, à quelle jak daleko 11, 76, 85
divers różny 127
dix dziesięć 147
dix-huit osiemnaście 147
dix-neuf dziewiętnaście 147
dix-sept siedemnaście 147
dixième dziesiąty 149
doigt palec *m* 138
donnez moi poproszę 64, 75, 108, 130
doré złoty 112
dormir spać 144
dos plecy *pl* 138

douane odprawa celna *f* 16, podlega oclenia 102
doubler wyprzedzić 79
douche prysznic *m* 23, 32
douleur ból *m* 140, 141, 144
doux miękki 120
douzaine tuzin *m* 149
douze dwanaście 147
droguerie apteka *f* 98
droite, à na prawo 69; po prawej 77
droits de douane cło *nt* 17
dur twardy 61, 120
durer *(prendre du temps)* zawieść na/do 21; trwać 73

E

eau woda *f* 23, 28, 32, 60, 75, 90
eau chaude ciepła woda *f* 24, 28
eau courante woda bieżąca *f* 23
eau de toilette woda toaletowa *f* 103
eau gazeuse woda sodowa *f* 60
eau minérale woda mineralna (niegazowana) *f* 60
eau potable woda (zdatna) do picia *f* 32, 155
écarlate szkarłatny 112
échanger wymienić 103
échecs szachy *pl* 93
éclair błyskawica *f* 94
écorchure zadraśnięcie *nt* 139
Écosse Szkocja *f* 146
écouter słuchać 128
écouteurs słuchawki *pl* 104
écrire pisać 12, 101
écriteau napis *m* 155
édition de poche spinacz *m* 119
édulcorant słodzik *m* 39
effrayant przerażający 84
égaliser *(barbe)* przystrzyc 31
égaré *(perdu)* zgubiony 13
église kościół *m* 81, 84
élastique elastyczny 122
électricien *(magasin)* sprzęt elektryczne *nt* 104
électricité elektryczność *f* 24; prąd *m* 32
électrique elektryczny 104
électronique elektroniczny 128
élevé *(haut)* wysoki 141
elle ona 159
elles oni 159
émail emalia *f* 107
emballer opakować 103
émeraude szmaragd *m* 107
emplâtre pour cors plaster na odciski *m* 122
emporter wziąć 25, 102
emporter, pour na wynos 64
en face przeciwny 77
en haut na górze 15
en plein air na wolnym powietrzu 90
en vacances na wakacjach 94
encaisser *(chèque)* realizować 130
enceinte w ciąży 141
encore jeszcze 16, 25
encre atrament *m* 119
endive cykoria *f* 53
endroit miejsce *nt* 25, 76
enfant dziecko *nt* 24, 82, 90, 93, 139, 150
enflé spuchnięty 139
enfler puchnąć 139
enflure opuchlizna *f* 139
enregister odprawić 66
enregistrement rejestracja *f* 25
enregistrement *(bagages)* przechowalnia bagażu *f* 68, 71
enregistrer, faire nadać bagaż 72
ensuite wtedy 15
entier cały 143
entre pomiędzy 15
entrée wejście *nt* 67, 99, 155; wstęp *m* 82, 83, 90, 155
enveloppe koperta *f* 27, 119
environ około 31, 153
environs, dans les w pobliżu 37
envoyer przysłać 78; wysłać 102, 103
épaule ramię *nt* 138
épeler literować 11
épice przyprawa *f* 54
épicerie sklep spożywczy *m* 98, 110
épinard szpinak *m* 53
épingle szplika *f* 106
épingle à cheveux szpilka do włosów *f* 124
épingle à cravate szpilka do krawata *f* 106
épingle à linge spinacz do bielizny *m* 105
épingle de sûreté agrafka *f* 123
éponge gąbka *f* 123

feuille maladie formularz ubezpieczeniowy *m* 144
feutre filc *m* 113
feux stop płyn hamulcowy *m* 75
février luty *m* 150
fiançailles pierścionek zaręczynowy *m* 106
ficelle sznurek *m* 119
fiche (d'enregistrement) formularz *m* 25, 26
fiche *(électrique)* wtyczka *f* 29, 104
fièvre temperatura *f* 140
figue figa *f* 55
fil nitka *f* 27
fille córka *f* 93
fille(tte) dziewczynka *f* 111, 128
film film *m* 86, 125, 126
fils syn *m* 93
filtre filtr *m* 126
fin koniec *m* 151
fines herbes zioła *pl* 54
Finlande Finandia *f* 146
fixatif utrwalacz *m* 30, 124
flanelle flanela *f* 113
flash lampa błyskowa *f* 126
fleur kwiat *m* 85
fleuriste kwiaciarnia *f* 99
foie wątroba *f* 138
foire targ *m* 81
fois raz *m* 142, 143
fois, une raz 149
foncé ciemny 101, 112
fond de teint krem podkładowy *m* 123
fontaine fontanna *f* 81
football piłka nożna *f* 89
forêt las *m* 85
format rozmiar *m* 117
formidable ogromny 84; wspaniały 95
formulaire formularz *m* 25, 26, 133, 144
fort mocny 108, 143; głośny 135
forteresse cytadela *f* 81
foulard szalik *m* 115
foulé zwichnięty 140
fourchette widelec *m* 38, 62, 105
fourreur skep z futrami *m* 98
frais świeży 55, 61
fraise truskawka *f* 56
framboise malina *f* 56
franc frank *m* 19, 20, 102, 129
Français(e) Francuz *m*, Francuzka *f* 93
français francuski 11, 16, 18, 81, 84, 108, 118, 119, 137
France Francja *f* 146
frange grzywka *f* 30
frappé koktajl mleczny *m* 60
frapper pukać 155
frère brat *m* 93
frisson dreszcze *pl* 140
frit smażony 48
frites chrupki *pl* 64
froid zimno 14, 25, 61, 94, 155
fromage ser *m* 55, 64, 110
fruit owoc *m* 55
fruits de mer frutti di mare *pl*, owoce morza *pl* 45
fumé wędzony 46
fume-cigarette cygarniczka *f* 108
fumer palić 95
fumeur palacz *m* 70
furoncle czyrak *m* 139

G

gabardine gabardyna *f* 113
gaine pas elastyczny *m*, pasek *m* 115
gaine-culotte majtki elastyczne *pl* 115
galerie d'art galeria sztuki *f* 81, 99
gant rękawiczka *f* 115
garage garaż 26; *(pannes)* warsztat *m*, stacja obsługi *f* 78
garçon chłopiec *m* 111, 128
garçon *(serveur)* pan! 37
garde d'enfants opiekunka do dziecka *f* 27
garder trzymać 62
gardien de plage ratownik *m* 90
gare stacja (kolejowa) *f* 19, 21, 67, 71
gargarisme płyn do ust *m* 122
gastrite nieżyt żołądka *m* 142
gâteau ciastko *nt* 39; tort 57, 64
gauche lewy 69, 77
gaz gaz *m* 156
gaz butane gaz do/w butli *m* 32, 109
gaz à briquet gaz do zapalniczki *m* 108
gaze *(pansement)* gaza opatrunkowa *f* 122

gazeux gazowany 60
gel mróz *m* 94
gel pour cheveux żel do włosów *m* 30, 124
gencive dziąsło *nt* 145
général ogólny 100, 137
généraliste *(médecin)* lekarz (ogolny) *m* 137
genou kolano *nt* 138
genre rodzaj *m* 140
genre, dans ce w tym rodzaju 111
gens ludzie *pl* 92
géologie geologia *f* 83
gibier gra *f* 128
gilet kamizelka *f* 115
gin dżin *m* 60
gin-tonic dżin z tonikiem 59
gingembre imbir *m* 54
glace lód *m* 94
glacière lodówka turystyczna *f* 109
glaçon lód *m* 27, 60
glande gruczoł *m* 138
glissière du flash połączenie z lampą błyskową *nt* 126
golf golf *m* 90
golf, terrain de pole golfowe *nt* 90
gomme gumka *f* 119
gorge gardło *nt* 138, 141
gorge, mal à la ból gardła *m* 141
goulache gulasz *m* 47
gourmette bransoletka łańcuszek *f* 106
goutte kropla *f* 122
gouttes pour le nez krople do nosa *pl* 122
gouttes pour les oreilles krople do uszu *pl* 122
gouttes pour les yeux krople do oczu *pl* 122
graisse tłuszcz *m* 39
grammaire podręcznik gramatyki *m* 119; gramatyka *f* 157
gramme gram *m* 110
grand duży 14, 20, 101
grand lit podwójne łożko *nt* 23
grand magasin dom towarowy *m* 99
grand teint trwały w kolorach 114
grand-angulaire obiektyw szerokokątny *m* 126
Grande-Bretagne Wielka Brytania *f* 146
gras tłusty 30, 124
gratuit wolny 83
Grèce Grecja *f* 146
grièvement ciężko 139
grillé z grila 46; z rusztu 48
griller *(ampoule)* przepalić się 29
grippe grypa *f* 142
gris szary 113
groseille à maquereau agrest *m* 55
grosse tasse kubek *m* 105
grotte jaskinia *f* 81
groupe wycieczka *f* 82
guichet kasa biletowa *f* 68; okienko *nt* 133
guide (de voyage) przewodnik *m* 82, 119
guide de voyage przewodnik (turystyczny) *m* 119
guide des hôtels spis hoteli *m* 19
gynécologue ginekolog *m* 137, 141

H

habillement ubranie *nt* 111
habituellement zazwyczaj 94; zwykle 143
hamac hamak *m* 109
handicapé niepełnosprawny 82
hareng śledź *m* 43, 46
haricot fasola *f* 53
haut na górze 30, 145
haut, en do góry 15
haut-parleur głośnik *m* 104
haute saison w sezonie 150
hauteur wysokość *f* 85
hélicoptère helikopter *m* 74
heure godzina *f* 66, 80, 143, 153
heure, à l' zgodny z rozkładem 69
heures de visite godziny odwiedzin *pl* 144
heures d'ouverture godziny otwarcia *pl* 82
heureux wesoły 152
hier wczoraj 151
histoire historia *f* 83
histoire naturelle przyroda *f* 83
hiver zima *f* 150
homme mężczyzna *m* 156
honoraires honorarium *nt* 144
hôpital szpital *m* 99, 142, 144
horaire rozkład jazdy *m* 69

horlogerie zegarmistrz *m* 99, 106
hors d'œuvre przystawka *f* 43
hors service uszkodzony 136, 155
hôtel hotel *m* 19, 21, 22, 26, 80, 96, 102
hôtel de ville ratusz *m* 81
houppette puszek *m* 123
huile oliwa *f* 38; olej *m* 75
huile solaire olejek do opalania *m* 123
huit osiem 147
huitième ósmy 149
hydroglisseur wodolot *m* 74
hypothèque dług hipoteczny *m* 131

I

ici tutaj 14
il on *m* 159
il y a jest, są 13; temu 149, 150
image obraz *m* 83
imperméable płaszcz przeciwdeszczowy *m* 115
important ważny 13
importé importowany 113
impressionnant imponujący 84
inclus wliczony 31, 32, 62, 80
Inde Indie *pl* 146
indicatif *(téléphonique)* numer kierunkowy *m* 134
indigestion ból żołądka *m* 121; niestrawność *f* 141
indiquer pokazywać 12
infecté zakażony 140
infection zakażenie *nt* 140
infection vaginale infekcja pochwy *f* 141
inférieur na dole 70, 71
infirmière pielęgniarka *f* 144
inflammation zapalenie *nt* 142
inflation inflacja *f* 131
infroissable niemnący 114
insolation porażenie słoneczne *nt* 141
instant chwilieczkę 12
institut de beauté gabinet/salon kosmetyczny 30, 99
intéressant interesujący 84
intéresser, s' być zainteresowanym 83
intérêt *(banque)* procent *m* 131
international międzynarodowy 133, 134
interne *(tél.)* wewnętrzny *m* 135
interprète tłumacz *m* 131
interrupteur wyłącznik *m* 29
intestin jelito *nt* 138
intoxication alimentaire zatrucie pokarmowe *nt* 142
invitation zaproszenie *nt* 94
inviter zaprosić 94
iode, teinture de jodyna *f* 122
Ireland Irlandia *f* 146
irrité *(douloureux)* bolący 145
Israël Izrael *m* 146
Italie Włochy *pl* 146
ivoire kość słoniowa *f* 107

J

jade nefryt *m* 107
jamais nigdy 15
jambe noga *f* 138
jambon szynka *f* 42, 64, 110
janvier styczeń *m* 150
Japon Japonia *f* 146
jardin botanique ogród botaniczny *m* 81
jardin public ogród *m* 85
jaune żółty 112
jaunisse żółtaczka *f* 142
jazz jazz *m* 128
je ja 159
jeans dżinsy *pl* 115
jeans, toile de dżins *m* 113
jeu gra *f* 128
jeu d'échecs szachy *pl* 128
jeu de constructions klocki *pl* 128
jeudi czwartek *m* 151
jeune młody 14
jeux, aire de plac zabaw *m* 32
joli ładny 84, 94
jouer grać 86, 88, 89, 93
jouet zabawka *f* 128
jour dzień *m* 16, 20, 25, 32, 80, 94, 151
jour de congé dzień wolny *m* 151
jour de vacances święto *nt* 151
jour férié święto *nt* 151, 152
jour ouvrable dzień pracy *m* 151
journal gazeta *f* 118, 119
jour dzień *m* 151

joyeux wesoły 152
juillet lipiec *m* 150
juin czerwiec *m* 150
jumelles lornetka *f* 120
jupe spódnica *f* 115
jus sok *m* 39, 60
jus d'orange sok pomarańczowy *m* 42, 60
jus de fruits sok owocowy *m* 42, 60
jus de pamplemousse sok grejpfrutowy *m* 42
jus de tomate sok pomidorowy *m* 60
jusqu'à do 15
juste dobre 14

K
kilo(gramme) kilo(gram) *n(m)* 110
kilométrage kilometraż *m* 20
kilomètre kilometr *m* 20, 79
kiosque à journaux kiosk (z gazetami) *m* 19, 68, 99, 118

L
là tam 14
la prochaine fois następnym razem 95
lac jezioro *nt* 81, 85, 90
lacet sznurówka *f* 117
laid brzydki 14, 84
laine wełna *f* 113, 114
laisser zostawić 20, 71
lait mleko *nt* 42, 61, 62, 110
laitue sałata *f* 53
lames de rasoir żyletki *pl* 123
lampe lampa *f* 29, 104, 109
lampe de chevet lampa stojąca *f* 27
lampe de poche latarka *f* 109
langue język *m* 138; *(viande)* ozór 47
lapin królik *m* 47
laque *(cheveux)* lakier (do włosów) *m* 31, 124
lard boczek *m* 47
large szeroki 117; *(habits)* luźny 114
laurier liść laurowy *m* 53
lavable nadające się do prania 113
lavable à la machine prać w pralce 114
lavable à la main prać ręcznie 114
lavabo umywalka *f* 28
lave-vaiselle płyn do mycia naczyń *m* 105
laver prać 114
laxatif środek na przeczyszczenie *m* 122
le soir wieczorem 151, 153; w nocy 151
leçon lekcja *f* 91
léçons de ski lekcja jazdy na nartach *f* 91
lecteur de CD odtwarzacz kompaktowy *m* 104
léger lekki 14, 56, 101
legère słaby 108
légume jarzyna *f* 53
lente(ment) wolny 11, 14, 21, 135
lentille *(légume)* soczewica *f* 53
lessive proszek do prania *m* 105
Lettonie Łotwa *f* 146
lettre list *m* 132
lettre de crédit list kredytowy *m* 130
leur ich 159
lever, se wstać 144
levier d'avancement przewijanie filmu *nt* 126
lèvre warga *f* 138
librairie księgarnia *f* 99, 118
libre wolny 14, 71, 80, 82, 95, 155
lieu de naissance miejsce urodzenia *nt* 26
lieu de résidence miejsce zamieszkania *nt* 25
lièvre zając *m* 49
lime pilnik *m* 124
lime à ongles pilnik do paznokci *m* 124
limonade lemoniada *f* 60
lin płótno *nt* 113
linge pranie *nt* 29
liqueur likier *m* 60
liquide płyn *m* 75, 120
liquide des freins hamulec *m* 78
lire czytać 41, 159, 161
lit łóżko *nt* 23, 29, 142, 144
lit d'enfant łóżeczko *nt* 24
lit de camp łożko składane *nt* 109
lit jumeaux dwa łóżka *pl* 23
Lithuanie Litwa *f* 146
litre litr *m* 75, 110
livraison dostawa *f* 102
livre książka *f* 119

livre sur l'art album *m* 127
livrer przysłać 102
location wynajem *m* 20, 24, 74
location de voiture wynajem samochodów *m* 20
logement zakwaterowanie *nt* 22
loger mieszkać 93
loin daleko 14, 100
long długi 114
lotion płyn *m* 124
lotion après-rasage płyn po goleniu *m* 124
lotion capillaire odżywka do włosów *m* 124
louer wynająć 19, 20, 74, 90, 91, 155; wypożyczyć 104
lourd ciężki 14, 101
lumière światło *nt* 28, 125
lumière artificielle sztuczne światło *nt* 125
lumière du jour światło naturalne *nt* 125
lundi poniedziałek *m* 151
lune księżyc *m* 94
lunettes okulary *pl* 120
lunettes de soleil okulary słoneczne *pl* 120

M
machine à écrire maszyna do pisania *f* 27
mâchoire szczęka *f* 138
Madame pani *f* 10
Mademoiselle pani *f* 10; *(serveuse)* pani! 38
magasin sklep *m* 32, 98
magasin de chaussures sklep obuwniczy *m* 99
magasin de jouets sklep z zabawkami *m* 99
magasin de photos sklep fotograficzny *m* 99
magasin de souvenirs sklep z pamiątkami *m* 99
magasin de sport sklep sportowy *m* 99
magasin diététique sklep ze zdrową żywnością *m* 99
magasin hors-taxe sklep wolnocłowy *m* 19
magasin libre service samodzielny 23
magnétophone (à cassettes) magnetofon (kasetowy) *m* 104
magnétoscope wideo *nt* 104
magnifique wspaniały 84
mai maj *m* 150
maillet młotek *m* 109
maillot de bain kostium kąpielowy *m* 115; *(hommes)* kąpielówki *pl* 115
maillot de corps podkoszulek *m* 115
main dłoń *f* 138
maintenant teraz 15
mais ale 15
maïs kukurydza *f* 53; *(doux)* bataty *f* 53
maison dom *m* 83, 85
mal au dos ból pleców *m* 140
mal aux oreilles ból ucha *m* 141
mal de dents ból zęba *m* 145
mal de tête ból głowy *m* 141
mal de voyage choroba lokomocujna *f* 121
mal, faire boleć 140, 142, 145
malade chory 140
maladie choroba *f* 140, 142
maladie vénérienne choroba weneryczna *f* 142
manche rękaw *m* 115, 142
mandarine mandarynka *f* 56
mandat *(postal)* przekaz pieniężny *m* 133
manger jeść 144
manger, à do jedzenia 38
manquer brakować 18, 30, 61
manteau płaszcz *m* 115
manucure manicure *m* 30
maquereau makrela *f* 46
marchand de vin sklep zmonopolowy *m* 99
marché rynek *m* 81, 99
marché aux puces pchli targ *m* 81
marcher iść piechotą 74, 85
marcher *(fonctionner)* działać 28, 104
mardi wtorek *m* 151
marée pływ *m* 91
marée basse odpływ *m* 90
marée haute przypływ *m* 91
mari mąż *m* 93
marié żonaty 93
mariée mężatka 93

mariné marynowany 46
marjolaine majeranek *m* 54
marmelade dżem pomarańczowy *f* 42
marron kasztan jadalny *m* 55
mars marzec *m* 150
marteau młotek *m* 105
masque de beauté maseczka *f* 30
mat *(photo)* matowy 126
mât de tente namiot *m* 32, 109
match mecz *m* 89
matelas en mousse karimat *m* 109
matériel de plongée sous-marine sprzęt do nurkowania *m* 91, 109
matière mecz *m* 89
matin rano *nt* 143, 151, 153
matinée *(spectacle)* poranek *m* 87
mauvais zły 14, 95
mécanicien mechanik samochodowy *m* 78
mèche knot *m* 108
médecin lekarz *m* 79, 137, 144, 156
médecine medycyna *f* 83
médical ołówek automatyczny *m* 119, 106
médicament lekarstwo *nt* 143; zaświadczenie lekarskie *nt* 144
melon melon *m* 56
même ten sam 117
menthe mięta *f* 54
mentholé mentolowy 108
menu menu *m* 39, 40
menu à prix fixe zestaw firmowy *m* 38, 41
mer morze *nt* 85, 90
merci dziękuję 10, 36, 96
mercredi środa *f* 151
mère matka *f* 93
merveilleux cudowny 96
message wiadomość *f* 28, 136
messe msza *f* 84
messieurs *(toilettes)* dla panów 155
mesures, prendre les zmierzyć 114
mètre metr *m* 111
metteur en scène reżyser *m* 86
mettre wstawić 24
midi południe *nt* 31, 153
miel miód *m* 42
mieux, meilleur lepszy 14, 25, 101
mijoté duszony 48
milieu połowa 151
mille tysiąc 148
milliard miliard *m* 148
million milion *m* 148
mince cienki 112
minuit północ *f* 153
minute minuta *f* 21, 69, 153
miroir lustro *nt* 114, 120
mise en plis ułożenie *nt* 30
mobilier meble *pl* 83
mobylette motorower *m* 74
mocassin mokasyn *m* 117
modéré niedrogi 37
moi-même sam(a) 110
moins mniej 14
mois miesiąc *m* 16, 150
moitié połowa *f* 149
moment chwilieczkę 12
mon, ma mój 159
monastère klasztor *m* 81
monnaie moneta *f* 83; waluta *f* 129
Monsieur pan 10
montagne góra *f* 85
montant ilość *f* 131
montre zegarek *m* 106, 107
montre de gousset zegarek kieszonkowy *m* 106
montre-bracelet zegarek na reke *m* 107
montrer pokazywać 12, 13, 76, 100, 125
monture *(lunettes)* oprawki *pl* 120
monument pomnik *m* 81
morceau sztuka *f* 18; kawałek *m* 110
morue dorsz *m* 46
mosquée meczet *m* 84
mot wyraz *m* 12, 133
motel motel *m* 22
moteur silnik *m* 78
moto(cyclette) motocykl *m* 74
mouchoir chusteczka *f* 115
mouchoir en papier chusteczka jednorazowa *f* 124
mousseux *(vin)* musujące (wino) 59
moustache wąsy *pl* 31
moustiquaire moskitiera *f* 109
moutarde musztarda *f* 54, 64, 110
moyen *(taille)* średnio usmażony 47
moyenne *(voiture)* średniej wielkości 20
moyens środki *pl* 74
mur ściana *f* 85

muscle mięsień *m* 138
musée muzeum *nt* 81
musette plecak *m* 109
musique muzyka *f* 83, 128
musique de chambre muzyka kameralna *f* 128
musique folklorique muzyka ludowa *f* 127, 128
musique pop muzyka młodzieżowa 128
myope krótkowidz *m* 120
myrtille czarna jagoda *f* 55

N

nager pływać 90
naissance urodzenie *nt* 25
naître urodzić się 150
natation pływanie 89, 91
nationalité narodowość *f* 26
nausée mieć mdłości *pl* 140
navet brukiew *m* 53
ne ... pas nie 15
ne ... plus ale 15
ne quittez-pas *(tél.)* proszę poczekać 136
négatif negatyw *m* 125, 126
neige śnieg *m* 94
neiger padać śnieg 94
nerf nerw *m* 138
nettoie-pipe wyciory do fajki *pl* 108
nettoyer czyścić 29; umyć 76
neuf dziewięć 147
neuvième dziewiąty 149
neveu siostrzeniec *m* 93
nez nos *m* 138
nièce siostrzenica *f* 93
night club klub nocny *m* 34
Noël Boże Narodzenie 152
nœud papillon muszka *f* 115
noir czarny 112, 119
noir et blanc *(photo)* czarnobiały *m* 125, 126
noisette orzech laskowy *m* 56
noix orzech włoski *m* 56
noix de coco orzech kokosowy *m* 56
(noix) muscade gałka muszkatołowa *f* 54
nom (de famille) nazwisko *nt* 26, 79
non nie 10
non-fumeurs niepalący 70
nord północ *f* 77
normal normalny 30
Norwège Norwegia *f* 146
note rachunek *m* 31, 62, 102
notifier powiadomić 144
notre nasz, nasza 159
nourriture (pour bébé) jedzenie (dla dzieci) *nt* 124
nous my 159
nouveau nowy 14
Nouvel An Nowy Rok *m* 152
Nouvelle-Zéelande Nowa Zelandia *f* 146
novembre listopad *m* 150
nuage chmura *f* 94
nuancier próbki kolorów *pl* 30
nuit noc *f* 10, 24, 151
numéro numer *m* 26, 66, 135, 136; liczba *f* 147
numéro de chambre numer pokoju *m* 26
numéro de téléphone numer telefonu *m* 135, 136, 156
nuque kark *m* 30

O

objectif *(photo)* obiektyw *m* 126
objets trouvés, bureau des biuro rzeczy znalezionych *nt* 68, 156
obtenir dostać 121
obturateur migawka *f* 126
occasion, d' używany 104
occupé zajęty 14, 70, 155; *(tél.)* zajęty 136
occupé, être podroż służbowa 93
octobre październik *m* 150
oculiste okulista *m* 137
œil oko *nt* 138, 139
œuf jajko *nt* 42, 44, 64, 110
oeufs au bacon jajka na boczku *pl* 42
oeufs au jambon jajka na szynce *pl* 42
œuf brouillé jajecznica *f* 42
œuf poché jajko w koszulkach *nt* 42
œuf sur le plat jajko sadzone *nt* 42
office du tourisme informacja turystyczne *f* 80
oie gęś *f* 48
oignon cebula *f* 53
oiseau ptak *m* 85

omelette omlet *m* 44
oncle wujek *m* 93
ongle paznokieć *m* 123
onyx onyks *m* 107
onze jedenaście 147
opéra opera *f* 72, 81, 88
opérateur centrala *f* 134
opération operacja *f* 144
opérette operetka *f* 88
opticien optyk *m* 99, 120
or złoto *nt* 106, 107
orage burza *f* 94
orange pomarańczowy 112
orange *(fruit)* pomarańcza *f* 56, 64
orchestre orkiestra *f* 88
ordonnance recepta *f* 121, 143
ordre, à *(chèque)* imienny 130
oreille ucho *nt* 138
oreiller poduszka *f* 27
organes génitaux genitalia *pl* 138
origan oregano *nt* 54
ornithologie ornitologia *f* 83
orteil palec u nogi *m* 138
os kość *f* 138
ou lub, czy 15
où gdzie 11
ouest zachód *m* 77
oui tak 10
ours en peluche miś *f* 128
outil narzędzia *pl* 105
ouvert otwarty 14, 82, 155
ouvre-boîte otwieracz do puszek *m* 105
ouvre-bouteilles otwieracz do butelek *m* 109
ouvrir otworzyć 11, 17, 82, 121, 130, 132, 142
ovale owalny 101

P

paiement płatność *f* 131
pain chleb *m* 38, 64, 110
paire para *f* 115, 117, 149
palace pałac *m* 81
palais de justice sąd *m* 81
palpitations palpitacja *f* 141
pamplemousse grejpfrut *m* 55
panier à pique-nique koszyk (na jedzenie) *m* 109
panne *(voiture)* awaria *f* 78
panneau znak *m* 79, 155
panneau routier znak drogowy *m* 79
pansements plaster *m* 122
pantalon spodnie *pl* 115
pantoufle pantofel domowy *m* 117
papeterie sklep papierniczy *m* 99, 118
papier papier *m* 119
papier à dessin blok rysunkowy *m* 119
papier à lettres papier do pisania *m* 27
papier à machine papier maszynowy *m* 119
papier carbone kalka *f* 119
papier hygénique papier toaletowy *m* 124
Pâques Wielkanoc *f* 152
paquet paczka *f* 108
par exprès express *m* 132
par heure na godzinę 77, 90
par jour na dzień 20, 24, 32, 90
par nuit za noc 24
par personne za osobę 32
par semaine za tydzień 20, 24
parapluie parasol *m* 115
parasol parasol plażowy *m* 91
parc park *m* 82
parcmètre parkometr *m* 77
pardon! prezpraszam! 10
pare-brise przednia szyba *f* 75
parents rodzice *pl* 93
parfum perfumy *pl* 124
parka ciepła kurtka *f* 110
parking parking *m* 77
parlement Sejm *m* 82
parler mówić 11, 16, 84, 137
parquer parkować 26, 77
parterre miejsca na parterze *pl* 87
parterre *(théâtre)* parter *m* 87
partie część *f* 138
partie *(sport)* runda *f* 89
partir wyjechać 31; wyprowadzić się 31; odjechać 68; iść 95
pas encore jeszcze 15, 16, 25
passage à niveau przejazd kolejowy *m* 79
passeport paszport *m* 16, 17, 25, 26, 156
passer przejść 16, 70
pastèque arbuz *m* 56

pasteur pastor *m* 84
pastille pour la gorge tabletka do ssania *f* 122
pastilles contre la toux tabletki przeciwkaszlowe *pl* 122
pâtes makaron *m* 41
patient(e) pacjent *m* 144
patin łyżwa *f* 91
patin à roulettes wrotki *pl* 128
patinoire lodowisko *nt* 91
payer płacić 17, 31, 62, 63, 102, 136
pays kraj *m* 92; państwo 146
Pays-Bas Holandia *f* 146
paysage krajobraz *m* 92
peau skóra *f* 138
pêche brzoskwinia *f* 55
pêcher pójść na ryby 90
pédiatre pediatra *m* 137
peigne grzebień *m* 124
peigné samodział 113
peignoir szlafrok *m* 115
peignoir (de bain) płaszcz kąpielowy *m* 115
peindre malować 83
peintre malarz *m* 83
peinture malarstwo *nt* 83
pelle łopata *f* 128
pendant w czasie 15; w ciągu 151
pendentif *(bijou)* wisiorek *m* 107
pendule zegar *m* 107, 153
pénicilline penicylina *f* 143
penser *(croire)* myślę 94
pension (de famille) pensjonat *m* 19, 22, 23
pension complète z pełnym wyżywieniem 24
pension, demi- z częściowym wyżywieniem 24
perche okoń *m* 46
perdre zgubić 120, 156
perdrix kuropatwa *f* 49
père ojciec *m* 93
perle perła *f* 107
permanente trwała *f* 30
permis zezwolenie *m* 90
permis de conduire prawo jazdy *nt* 20, 79
perruque peruka *f* 124
persil pietruszka *f* 54
personne osoba *f* 32
personnel osobisty 17
personnel *(hôtel)* pracownicy *pl* 26
perte strata *f* 131
petit mały 14, 20, 25, 101, 117
petit déjeuner śniadanie *nt* 24, 27, 35, 42
petit pain bułka *f* 42, 64
petit pois groszek *m* 53
pétrole parafina *f* 109
peu (de) mało 14
peu, un mało (trochę) 14
peut-être być może 15
pharmacie apteka *f* 99, 121
photo zdjęcie *nt* 82, 125, 126
photo d'identité zdjęcie paszportowe *nt* 125
photocopie ksero *nt* 131
photographe fotograf *m* 99
photographie fotografia *f* 125
photographier fotografować 82
phrase zdanie *nt* 12
pichet mała karafka *f* 58
pièce *(théâtre)* sztuka *f* 86
pied stopa *f* 138
pierre précieuse kamien szlachetny *m* 107
pigeon gołąb *m* 48
pile bateria *f* 107, 126
pilule tabletka *f* 141, 143
pince à cheveux klips do włosów *m* 124
pince à cravate spinka do krawata *f* 107
pince à épiler peseta *f* 124
pince à linge spinacze do bielizny *pl* 105
pince universelle szczypce *pl* 105
pintade perliczka *f* 49
pipe fajka *f* 108
pique-nique piknik *m* 63
piquer użądlić 139
piquet de tente kołek *m* 109
piqûre zastrzyk *m* 142, 143, 144
piqûre (d'insecte) ukąszenie (owada) *nt* 121, 139
pire gorzej 14
piscine basen *m* 32, 90
piste de ski jeździć na nartach 91
place miejsce *nt* 32, 69, 70, 87
place *(ville)* plac *m* 82
place, à la zamiast 39
placement inwestycja *f* 131

placer zamówić 135
plage plaża *f* 90
plaire, se podobać się 25, 102
planche de surf deska surfingowa *f* 91
plan de ville plan miasta *f* 19, 119
planétarium planetarium *nt* 82
plaqué or plater złoty 107
plastique plastikowy 105
plat na płaskim obcasie 117
plat *(mets)* danie *nt* 39
platine platyna *f* 107
plâtre gips *m* 140
plein pełny 14
pleuvoir padać deszcz 94
plie flądra *f* 46
plomb, sans bezołowiowa *f* 75
plombage plomba *f* 145
plongée sous-marine nurkowanie (swobodne) *nt* 91
pluie deszcz *m* 94
plus więcej 11, 39; trochę 14
plus tard później 135
pneu opona *f* 75, 78
pneu plat przebicie *nt* 75; przebita opona *f* 78
pneumonie zapalenie płuc *nt* 142
poche kieszeń *f* 116
poché z wody 46
poêle à frire patelnia *f* 105
poil de chameau moher *m* 113
point, à *(viande)* średnio wysmażone 48
pointure rodzaj *m* 125
poire gruszka *f* 55
poireau por *m* 53
pois, à w kropki 112
pois, petit groszek *m* 53
poison trucizna *f* 122, 156
poisson ryba *f* 44
poissonnerie sklep rybny *m* 99
poitrine klatka piersiowa *f* 138, 141
poivre pieprz *m* 38, 54, 64
poivron papryka *f* 53
police policja *f* 79, 156
polonais polski 113; *(langue)* polski 11, 95
pommade antiseptique krem antyseptyczny *m* 122
pomme jabłko *nt* 55, 64, 110
pomme de terre ziemniak *m* 50
pommes frites frytki *pl* 50
pompe pompka *f* 109
pont most *m* 85
pont *(bateau)* pokład *m* 74
popeline popelina *f* 113
porc wieprzowina *f* 47
port port *m* 73, 74, 81
portatif tranzystorowy 104
porte drzwi *pl* 155
porte-mine ołówek automatyczny *m* 107, 119
portefeuille portfel *m* 156
porter przenieść 21
porteur bagażowy *m* 18, 26, 71
portion porcja *f* 39, 56
Portugal Portugalia *f* 146
pose *(photos)* klatka *f* 125
possible, dès que jak najszybciej 137
poste de police posterunek policji *m* 99, 156
poste restante poste restante 133
poste, bureau de wysłać 28
poster wysłać pocztą 28
pot słoik *m* 110
pot d'échappement rura wydechowa *f* 78
potage zupa *f* 41, 42, 44
poterie garncarstwo *nt* 83; garnki *pl* 127
pouce kciuk *m* 138
poudre puder (kosmetyczny) *m* 124
poudrier puderniczka *f* 107
poulet kurczak *m* 49
poumon płuco *nt* 138
poupée lalka *f* 128
pour od, przez 15
pourcent procent *m* 149
pourcentage procent *m* 131
pourquoi dlaczego 11
pousser pchać 155
pouvoir móc 12, 161
prairie łąka *f* 85
prélèvement *(méd.)* badanie *nt* 142
premier pierwszy 68, 73, 77, 149
première classe pierwsza klasa *f* 70
premiers secours, trousse de apteczka podręczna *f* 122
prendre *(médicament)* brać 143
prendre les mesures mierzyć 113
préparer przygotować 71
prénom imię 25

rasoir (électrique) (elektryczna) maszynka do golenia *f* 27, 104, 124
rayon dział *m* 83; *(magasin)* stoisko *n* 100
rayures, à w paski 112
réception przyjęcie *nt* 95
réception *(hôtel)* recepcja *f* 23
réceptionniste recepcjonista *m* 26
recharge wkład *m* 119
réclamation zażalenie *nt* 61
recommander polecić 36, 88, 137, 145
recommandé *(courrier)* poczta polecona *f* 133
recoudre zszyć 29, 117
rectangulaire prostokątny 101
réduction obniżka *f* 24, 82
régime dieta *f* 39
règle linijka *f* 119
règles okres *m* 141
règles douloureuses bolesny okres *m* 141
rein nerka *f* 138
religion religia *f* 83
remboursement zwrot (pieniędzy) *m* 103
remise zniżka *f* 131
remonte-pente nartostrada *f* 91
remplir *(fiche)* wypełnić 25, 144
rendez-vous, avoir zapisać się 137; zamówić 145
rendre zwrócić 103
renseignement informacja *f* 67, 155; zasięganie informacji *nt* 68
réparation naprawa *f* 126
réparer naprawić 29, 75, 104, 106, 117, 120, 126, 145
repas posiłek *m* 24, 143
repas léger przekąska *f* 63
repasser (à la vapeur) prasować 29
répéter powtórzyć 11
réponse odpowiedź *f* 136
république tchèque Czechy *pl* 146
réservation rezerwacja *f* 23, 66, 70
réservation d'hôtel rezerwacja hotelowa *f* 19
réservations, guichet des biuro rezerwacji *nt* 19, 68
réservé zarezerwowany 155
réserver zarezerwować 19, 23, 37, 70, 87
résidence, lieu de miejsce zamieszkania *nt* 26
respirer oddychać 141, 142
restaurant restauracja *f* 19, 32, 34, 37, 68
reste reszta *f* 130
rester zostać 25
retard opóźnienie *nt* 69
retirer wypłacić (z konta) 130
retour, être de wrócić 80, 136
retourner wrócić 77, 80
retrait *(argent)* wypłata *f* 130
retraité emeryt *m* 82
rétrécir zbiegać się 114
réveil budzik *m* 107
réveiller obudzić 27, 71
revue czasopismo *nt* 119
rhum rum *m* 60
rhumatisme reumatyzm *m* 141
rhume katar *m* 121, 140
rhume des foins katar sienny *m* 121, 141
rideau zasłona *f* 29
rien nic 15, 17
rire śmiać się 95
rivière rzeka *f* 85, 90
riz ryż *m* 52
travaux *(routes)* roboty drogowe *pl* 79
robe sukienka *f* 116
robe du soir suknia wieczorowa *f* 116
robinet kurek *m* 28
rôle principal główna rola *f* 86
romarin rozmaryn *m* 54
rond okrągły 101
rosbif pieczona wołowina *f* 47
rose *(couleur)* różowy 112
rôti pieczony 47
roue koło *nt* 78
roue de secours opona zapasowa *f* 75
rouge czerwony 59
rouge *(vin)* czerwone (wino) 112, 119
rouge à lèvres kredka do ust *f* 124
rougeole odra *f* 142
rouleau de pellicule rolka filmu *f* 125
route droga *f* 79, 85; szlak *m* 85
route touristique ładny szlak *m* 85
royal królewski 82
ruban adhésif taśma klejąca *f* 119
ruban de machine à écrire taśma do

S

T

tabac à priser tabaka *f* 108
tabac pour pipe tytoń do fajki *m* 108
table stół *m* 37, 109
table pliante stół składany *m* 109
tableau zdjęcie *nt* 82
tache plama *f* 29
taille wymiar *m*, numeracja *f* 114
taille-crayon temperówka *f* 119
tailleur krawiec *m* 99
talc talk *m* 124
talon obcas *m* 117
tampon hygiénique tampon *m* 122
tante ciocia *f* 93
tapis de sol podłoga namiotowa *f* 109
tapisserie gobelin *m* 127
tard poźno 14
tarif opłata *f* 20, 32, 90; taryfa *f* 20
tasse filiżanka *f* 38, 62, 105
taux kurs *m* 19, 130
taux d'inflation stopa inflacji *f* 131
taxe de séjour opłata turystyczna *f* 32
taxi taksówka *f* 19, 21, 31, 67
taxi, station de postój taksówek *m* 21
teeshirt koszulka bawełniana *f* 116
teinté przydymiony 120
teinture farbowanie *m* 30; farba do włosów *f* 124
teinturerie pralnia chemiczna *f* 99
téléfax telefax *m* 133
télégramme telegram *m* 133
télémètre dalmierz *m* 126
téléobjectif teleobiektyw *m* 126
télépherique kolejka linowa *f* 74
téléphone telefon *m* 28, 79, 134
téléphoniste telefonistka *f* 26
téléphoner zadzwonić 78, 134
télévision telewizja *f* 24, 28, 104
télex teleks *m* 133
télex, envoyer un wysłać teleks 130; nadać teleks 133
température temperatura *f* 90, 142
temple kościół *m* 84
temps czas *m* 68, 80; godzina *f* 153
temps *(météo)* pogoda *f* 94
tendon tymczasowy 145
tennis tenis *m* 89
tennis *(chaussons)* tenisówki *pl* 117
tension *(méd.)* ciśnienie krwi *m* 141, 142
tente kort tenisowy *m* 90
tenue de soirée strój wieczorowy *m* 88
terme wyrażenie *nt* 131
terrasse taras *m* 37
tétanos tężec *m* 140
tête głowa *f* 138, 139
tétine smoczek *m* 124
thé herbata *f* 42, 62, 64, 110
théâtre teatr *m* 82, 86
thermomètre termometr *m* 122, 144
thon tuńczyk *m* 46
thym tymianek *m* 54
tiers, troisième trzeci 149
timbre pocztówka *f* 28, 108, 119; karta *f* 132
timbre(-poste) znaczek (pocztowy) *m* 28, 108, 132, 133
tirer ciągnąć 155
tissu tkanina *f* 112
tissu-éponge frotte *nt* 113
toast grzanka *f* 42
toile materiał *m* 117
toilettes toalety *pl* 24, 28, 32, 39, 68
tomate pomidor *m* 53
tombeau grób *m* 82
tomber upaść 139
ton, ta twój 159
tonnerre grzmot *m* 94
torchon ścierka *f* 105
torticolis sztywność karku *f* 141
tôt wcześnie 14, 31
toucher dotknąć 155
tour *(édifice)* wieża *f* 82
tour *(excursion)* wycieczka *f* 74, 80
tourne-disque gramofon *m* 104
tourner skręcić 77
tournevis śrubokręt *m* 105, 109
tousser kaszleć 142
tout wszystko 31, 62, 103
tout de suit natychmiast 31
tout droit *(direction)* prosto 77
toux kaszel *m* 121, 141
traduire przetłumaczyć 12
train pociąg *m* 66, 68, 69, 70, 153
train direct pociąg bezpośredni *m* 68
traitement leczenie *nt* 143
traiteur delikatesy *pl* 99
trajet *(voyage)* podróż *f* 72
tram tramwaj *m* 72
tranche plasterek *m* 110
tranquilisant środek uspokajający *m*

122, 143
tranquille *(calme)* cichy 23; spokojny 25
transfert transfer *m* 131
transformateur transformator *m* 104
transfusion transfuzja krwi *f* 144
transport środki transportu *pl* 74
travers, à przez 15
traversée przeprawa *f* 74
treize trzynaście 147
trente trzydzieści 147
très bardzo 15
tricot sweter *m* 116
trois trzy 147
trombone *(bureau)* serwetka papierowa *f* 119
trop zbyt 14
trop cuit za bardzo przysmażony 61
trotteuse z sekundnikiem 107
trou dziura *f* 30
trouver znaleźć 11, 12, 84, 100; dotrzeć 76
truite pstrąg *m* 46
tu ty 159
tuba maska do pływania *f* 128
tube stoik *m* 110
Turkie Turcja *f* 146
turquoise turkus *m* 107; turkusowy 112

U

Ukraine Ukraina *f* 146
ultrarapide czuły 125
un *(chiffre)* jeden 147
université uniwersytet *m* 82
urgence nagły wypadek *m* 156
urgent pilny 13, 145
urine mocz *m* 142
usage użytek *m* 17, 122
utile pożyteczny 15

V

vacances wakacje *pl* 16, 151, 152
vacciner zaszczepić 140
vague fala *f* 90
vaisselle naczynia kuchenne *pl* 105
valeur wartość *f* 131
valise walizka *f* 18
vallée dolina *f* 85
vanille wanilia *f* 56
veau *(viande)* cielęcina *f* 47
végétarien wegetarianin *m* 38, wegetariański 39
veine żyła *f* 138
vélomoteur motorower *m* 74
velours aksamit *m* 113
velours côtelé sztruks *m* 113
velours de coton plusz *m* 113
venaison dziczyzna *f* 48
vendredi piątek *m* 151
venir przyjść 37, 95, 137, 144, 160
vent wiatr *m* 94
vente sprzedaż *f* 131
ventilateur wentylator *m* 28
véritable prawdziwy 106, 117
vermouth wermut *m* 60
vernis à ongles lakier do paznokci *m* 124
verre szklanka (do napojów) *f* 38, 61, 105; lampka *f* 58, 59; drink *m* 94, 95
verre de contact soczewka kontaktowa *f* 120
verre taillé rżniete szkło *nt* 107
vers w kierunku 15
vert zielony 112
vessie pęcherz 138
veste marynarka *f* 115
vestiaire szatnia *f* 87
vêtements ubranie *nt* 29, 115
vétérinaire lecznica dla zwierząt *f* 99
viande mięso *nt* 39, 47, 48, 61
vide pusty 14
vidéocassette kaseta wideo *f* 104, 125, 127
vieux stary 14
vieille ville stare miasto *nt* 81
vignoble winnica *f* 85
village miejscowość *f* 76, 85
ville miasto *nt* 81
vin wino *nt* 17, 58
vinaigre ocet *m* 38
vingt dwadzieścia 147
violet fioletowy 112
virage zakręt *m* 79
vis śrubki *pl* 105
visage twarz *f* 138
visite touristique wycieczka *f* 80
vitamines (tabletka) witaminy *f*
vite szybki (szybko) 14, 79, 156; natychmiast 137

vitesse prędkość *f* 79
vitrine wystawa *f* 101, 111
vivre żyć 83
vodka wódka *f* 60
vœu życzenie *nt* 152
voilier żaglówka *f* 91
voir zobaczyć 12, 25, 89, 96, 106
voiture samochód *m* 19, 20, 26, 32, 74, 75, 78
vol kradzież *f* 156
vol *(avion)* lot *m* 65
volaille drób *m* 48
voler *(dérober)* kraść 156
volet okiennica *f* 29
voleur złodziej *m* 156
volleyball siatkówka *f* 89
voltage napięcie *nt* 27, 104
vomir wymiotować 140
vouloir chcieć 13, 20, 23, 62, 112; poprozsę 43, 103
votre wasz, wasze 159
vouloir dire *(signifier)* znaczyć 11, 26
vous wy 159
voyage podróż *f* 152
voyager podróżować 93; jechać 160
vue wzrok *m* 120
vue *(panorama)* widok *m* 25

W

wagon-lit wagon sypialny *m* 67, 68, 69, 70
wagon-restaurant wagon restauracyjny *m* 67, 69, 71
week-end weekend *m* 151; soboty i niedzieli 20
whisky whisky *m* 17, 60

Y

yaourt jogurt *m* 64

Z

zéro zero *nt* 147
zloty złoty *m* 19, 101, 103, 132
zoo zoo *nt* 82
zoologie zoologia *f* 83

Polski skorowidz

MER BALTIQUE
Kaliningrad
VILNIUS
Gdynia
Gdańsk
Elbląg
Koszalin
Olsztyn
Suwałki
POLOGNE
Grudziądz
Łomża
Białystok
Szczecin
Piła
Bydgoszcz
Toruń
BIÉLORUSSIE
Notec
Bug
Gorzów
Odra
Włocławek
Wisła
BERLIN
Poznań
WARSZAWA
(Varsovie)
Siedlce
Brest
Zielona Góra
Warta
Bobr
Łódź
ALLEMAGNE
Kalisz
Piotrków
Radom
Bug
Lublin
Legnica
Wrocław
Chełm
Częstochowa
Kielce
Wałbrzych
Odra
Zamość
Tarnobrzeg
Katowice
Kraków
Wisła
Rzeszów
Tarnów
Przemyśl
PRAGUE
Bielsko-Biała
RÉPUBLIQUE TCHÈQUE
UKRAINE
Zakopane
SLOVAQUIE